DAVID DEIDA

Der Weg des wahren Mannes

GOLDMANN

David Deida

Der Weg des wahren Mannes

Ein Leitfaden für Meisterschaft in Beziehungen, Beruf und Sexualität

Aus dem Englischen
von Christine Bolam

GOLDMANN

Alle Ratschläge in diesem Buch wurden vom Autor und vom Verlag sorgfältig erwogen und geprüft. Eine Garantie kann dennoch nicht übernommen werden. Eine Haftung des Autors beziehungsweise des Verlags und seiner Beauftragten für Personen-, Sach- und Vermögensschäden ist daher ausgeschlossen.

FSC
www.fsc.org
MIX
Papier | Fördert gute Waldnutzung
FSC® C014496

Penguin Random House Verlagsgruppe FSC® N001967

3. Auflage
Deutsche Ausgabe November 2024

in der Penguin Random House Verlagsgruppe GmbH,
Neumarkter Straße 28, 81673 München
produktsicherheit@penguinrandomhouse.de
(Vorstehende Angaben sind zugleich
Pflichtinformationen nach GPSR.)

Cover: UNO Werbeagentur GmbH
Umschlagmotiv: © FinePic®, München
Druck und Bindung: GGP Media GmbH, Pößneck
Printed in Germany
ISBN 978-3-442-22404-3

www.goldmann-verlag.de

Ich danke meinen
Liebespartnern und Lehrern,
die mein Leben mit ihrer Liebe und Weisheit
durchtränkt haben.

Möge dieses Buch der Befreiung
Ihrer wahren Gaben dienen,
damit unzählige Menschen noch mehr Nutzen
aus Ihrem Leben und Ihrer Liebe ziehen.

Vorwort

Mein Verleger hat mich gebeten, für dieses Buch ein Vorwort zu schreiben.

Das Buch war ursprünglich als praktischer Ratgeber für Männer und ihre Liebespartner gedacht. Ich wollte die Lektionen, die ich in meinem Leben gelernt habe, mit den Lesern teilen – insbesondere die Tatsache, wie sich ein Mann spirituell entwickeln und gleichzeitig mit den Herausforderungen ringen kann, die ihm die Frauen, seine Arbeit und sein sexuelles Verlangen bereiten.

Heute, Jahre später, habe ich diese Arbeit mit Tausenden von Männern und Frauen, Singles und Paaren, Heteros und Schwulen geteilt und kann bestätigen, dass die Lektionen des Buches wirklich Ergebnisse bringen. In der heutigen Welt mit ihrer rapiden sexuellen und spirituellen Entwicklung und der darauf gründenden Verwirrung sind sie wahrscheinlich wichtiger als je zuvor.

Eine der wichtigsten Lektionen ist diese: Im Zuge unserer natürlichen Entwicklung können wir lernen, das Erlangen von Meisterschaft als wichtige Phase in unserer Lebensschulung anzuerkennen, die wir auf dem Weg zu einer vollendeten Liebeskunst absolvieren und hinter uns bringen.

Auf dem Weg, den ich hier beschreibe, habe ich gelernt, eine Frau ins Licht zu lieben, mit dem, was mir am Herzen liegt, so viel zu verdienen, wie ich will, und die Kunst der sexuellen Liebe zu vervollkommnen. Sie können dasselbe tun.

Und Sie werden die nächste Lektion, die Ihrer wahren Entwicklung entspringt, ebenso ausleben und hinter sich lassen wie alle anderen Interessen in Ihrem Leben.

Was für das Kind wichtig war, ist für den heutigen Erwachsenen weniger interessant. Und was heute Ihre Aufmerksamkeit weckt, wird früher oder später verblassen. Das ist eine natürliche und gute Entwicklung. Es ist uns bestimmt, über alles hinauszuwachsen – auch über unser Verlangen, alles zu erleben und zu verbessern, was sich auf Geld, Sex und Intimität bezieht.

In *Der Weg des wahren Mannes* zeige ich auf, wie ein Mann und seine Geliebte alles lernen können, was sie brauchen, um sich bis zu dem Punkt zu entwickeln, an dem sich der Verstand in das Fühlen öffnet und der Körper nur noch Licht ist. Man sagt, dass auch diese Lektion irgendwann abgeschlossen ist – aber alles zu seiner Zeit.

Leben Sie voll und ganz. Erkennen Sie Ihren tiefsten Lebenssinn. Geben Sie Ihre angeborenen Gaben. Genießen Sie die Sexualität als kosmisches Tor zu den Wundern der Liebe. Dienen Sie Ihren Freunden bei ihrer Entfaltung. Und wenn Sie die unvermeidlichen Zyklen aus atemberaubenden Erfolgen und bodenloser Verzweiflung durchlebt und die drei Herausforderungen – Frauen, Arbeit und sexuelles Begehren – gemeistert und hinter sich gelassen haben, seien Sie bereit, zu vergessen, dass Sie jemals geboren wurden.

Irgendwann auf diesem Weg – und das erzähle ich Ihnen im Voraus, wie es auch mir erzählt wurde – wird alles hinfällig, was gewusst oder erlebt werden kann.

Beginnen Sie mit dem, was jetzt wichtig für Sie ist. Dasselbe habe ich auch getan. Das wachsende Verständnis, das meine Lehrer und das Leben von mir forderten – der Weg, der für mich als Mann in einer Welt der unendlichen Möglichkeiten der richtige war – wird in den Kapiteln dieses Buches dargestellt. Sie werden Ihren eigenen Weg gestalten, wenn Sie über Ihr Bedürfnis hinauswachsen, irgendetwas zu erfahren oder zu wissen.

Die Kurzfassung meines neuen Vorworts lautet: Hören Sie auf zu warten. Fühlen Sie alles. Lieben Sie mit verwundbarem Herzen. Geben Sie Ihr Bestes. Lassen Sie los.

Verweilen Sie so lange mit dem, was bleibt, wie es Sie hält.

Der Weg löst sich in offene Weite auf.

Einleitung

Dieses Buch ist als Anleitung für eine bestimmte Art von Mann gedacht, die sich derzeit entwickelt. Dieser Mann ist auf unverfrorene Weise maskulin – zielstrebig, selbstsicher und unverfälscht – und lebt das Leben, das er gewählt hat, mit tiefer Integrität und Humor. Er ist sensibel, spontan und auf lebendige Weise spirituell und widmet sich aus vollem Herzen der Entdeckung und dem Ausdruck seiner tiefsten Wahrheit.

Das Weibliche wirkt absolut erregend auf diesen Mann. Er ist ein Mann, der seine Gefährtin gerne voller Leidenschaft umarmt und mitreißt – allerdings nicht wie ein altmodischer Macho, sondern mit so viel Liebe, dass sie sich auflöst und beide in der Fülle des Liebens verschwinden. Mit seiner Arbeit und seiner Sexualität widmet er sich ganz der Verkörperung der Liebe auf dieser Erde, und er tut das als freier Mann, weder von äußeren Konventionen noch von innerer Feigheit eingeschränkt.

Dieser sich neu entwickelnde Mann ist kein ängstlicher Maulheld, der sich wie King Kong in Pose wirft, als befehlige er das Universum. Er ist auch kein New-Age-Softie, der ohne Rückgrat, ständig lächelnd, mit verklärtem Blick um sich schaut. Er hat seine maskuline und seine feminine Seite angenommen, aber bevorzugt keine von beiden. Er muss nicht immer recht haben, aber auch nicht immer berechenbar, kooperativ und mitteilsam sein wie ein androgyner lieber Junge. Er lebt aus dem tiefsten Kern seines Wesens, teilt furchtlos seine Gaben mit anderen, fühlt durch den verstreichenden Augenblick hindurch in die Offenheit der Existenz hinein und verpflichtet sich voll und ganz der Erweiterung der Liebe.

Um die Absicht, die ich mit *Der Weg des wahren Mannes* verfolge, genauer zu definieren, möchte ich zunächst auf einige Prinzipien der sexuellen und spirituellen Entwicklung eingehen.

Bis vor kurzem waren die modernen Männer- und Frauenrollen festgeschrieben und voneinander getrennt. Die Männer sollten hinausgehen und Geld verdienen. Die Frauen sollten zu Hause bleiben und sich um die Kinder kümmern. Oft manipulierten die Männer die Frauen mit körperlichen und finanziellen Drohungen. Und die Frauen manipulierten die Männer mit emotionalen oder sexuellen Streicheleinheiten und Sticheleien. Typische, überzogene Karikaturen dieser Zeit sind der aufgeblasene Macho und das brave Hausmütterchen. Wenn Sie dieses Buch lesen, haben Sie sich wahrscheinlich über diese erste Phase des sexuellen Wachstums hinausentwickelt, oder Sie können zumindest darüber lächeln.

Als Nächstes kam eine Phase – und sie ist noch nicht zu Ende –, in der sowohl Männer als auch Frauen versuchten, ihre inneren maskulinen und femininen Energien fifty-fifty auszupendeln und sich mehr aneinander anzugleichen. So begannen amerikanische Männer in den 1960er-Jahren, ihre innere Weiblichkeit zu betonen. Sie lernten, im Fluss zu sein. Sie verzichteten auf ihr starres, eindimensionales männliches Gehabe, ließen sich die Haare wachsen und fanden Freude an bunter Kleidung, der Natur, Musik und einer sorgloseren, sinnlicheren Lebensweise – an allem, was die Ausstrahlung, die Kraft und die Fülle der Lebensenergie verstärkte: Sie gaben dem Femininen in sich mehr Raum.

Gleichzeitig taten die Frauen das Gegenteil. Sie verstärkten das Maskuline in sich, das sich auf der Ebene menschlicher Eigenschaften als Zielgerichtetheit, Entschlussfähigkeit und Visionskraft äußert. Die Frauen gewannen finanzielle und politische Unabhängigkeit. Sie stürzten sich auf ihre Karrieren, konzentrierten sich mehr auf langfristige persönliche Ziele, schrieben sich zahlreich an Universitäten ein, machten hochgradige Abschlüsse und lernten, ihre Bedürfnisse und Wünsche klarer durchzusetzen.

Wenn Sie dieses Buch lesen, sind Sie wahrscheinlich ausgeglichener als Ihre Eltern es waren. Als Frau sind Sie wahrscheinlich unabhängiger und durchsetzungsfähiger als ihre Mutter, und als Mann können Sie Ihre Gefühle besser ausdrücken und sind aufgeschlossener als Ihr Vater. Oder zumindest erscheinen Ihnen diese Eigenschaften akzeptabel, selbst wenn Sie sie nicht ausdrücken. Vergessen Sie nicht: Noch vor nicht allzu langer Zeit erweckten ein Mann mit einem modischen

Haarschnitt oder einen Frau im Hosenanzug allgemeines Misstrauen.

Es war gut, dass die Männer im Laufe der Zeit ihre innere Weiblichkeit annahmen und die Frauen ihre innere Männlichkeit. Sie wurden vollständiger, heiler, nicht mehr so zersplittert. Sie waren nicht mehr so abhängig voneinander: Die Männer konnten tatsächlich Windeln wechseln und die Frauen ohne Probleme tote Mäuse aus der Mausefalle entfernen. Machos wurden lockerer und zeigten mehr Gefühle, und unterwürfige Hausfrauen wurden unabhängiger und zielgerichteter. Das war für alle eine Verbesserung.

Aber diese Fifty-fifty-Phase ist nur der zweite Wachstumsschritt für Männer und Frauen. Sie ist nur eine Übergangsphase, nicht der Endpunkt. Die Nebenwirkungen dieser Tendenz zur sexuellen Gleichheit tragen massiv zu der heutigen Unzufriedenheit in intimen Beziehungen bei. Der Trend zum Fifty-fifty führte zwar zu finanzieller und gesellschaftlicher Gleichheit, gleichzeitig aber auch zu sexueller Neutralität. Die Bankkonten sind gedeckt und die Leidenschaft verpufft. Die Männer sind keine kompletten Machos mehr, doch die Gewalttätigkeit in Film und Fernsehen nimmt täglich zu. Die Frauen haben zwar mehr Kontrolle über ihr finanzielles Schicksal, laufen aber auch aufgrund von Stressbeschwerden zunehmend zu Psychotherapeuten und Ärzten. Was ist los?

In meinen Seminaren und Beratungen beklagen sich unabhängige und erfolgreiche Frauen, die heutigen Männer seien zu „Waschlappen" geworden – zu schwach und zu ambivalent, um ihr Vertrauen zu verdienen. Und sensible, zugewandte Männer beklagen sich, die heutigen Frauen seien zu „Mannsweibern" geworden – zu verhärtet und emotional beherrscht, als dass man sich ganz auf sie einlassen könnte. Ist das der höchste menschliche Ausdruck sexueller Weisheit und Entwicklung, oder gibt es noch einen weiteren Schritt?

Um diese Frage zu beantworten, müssen wir das Wesen sexueller Leidenschaft und spiritueller Offenheit verstehen. Sexuelle Anziehungskraft basiert auf der Polarität der Geschlechter, der Kraft der Leidenschaft, die einen Bogen zwischen dem männlichen und dem weiblichen Pol spannt. Alle natürlichen Kräfte strömen zwischen zwei Polen. Der Nord- und Südpol der Erde erzeugen eine magnetische

Kraft. Der positive und der negative Pol Ihrer Steckdose oder Autobatterie erzeugen elektrischen Strom. Auf dieselbe Weise erzeugen der maskuline und der feminine Pol zwischen zwei Menschen den Strom der sexuellen Gefühle und Empfindungen. Das ist die sexuelle Polarität.

Diese zwischen dem maskulinen und dem femininen Pol strömende Anziehungskraft entspricht der Dynamik, die in modernen Beziehungen so oft verloren geht. Wenn Sie sich nach wahrer Leidenschaft sehnen, müssen Sie ein hinreißender Liebhaber und eine hingerissene Geliebte sein; ansonsten sind da nur zwei Kumpel, die sich entscheiden, ins Bett zu gehen und ihre Geschlechtsteile aneinanderzureiben.

Jeder von uns, ob Mann oder Frau, besitzt innere maskuline und innere feminine Anteile: Männer können Ohrringe tragen, einander zärtlich umarmen und voller Ekstase in den Wäldern tanzen. Frauen können einen Ölwechsel machen, politische und finanzielle Macht aufbauen und sich im Boxring gegenüberstehen. Männer können sich um ihre Kinder kümmern. Frauen können für ihr Land kämpfen. Wir haben das bewiesen. Fast jeder kann in jedem Augenblick die männliche oder die weibliche Energie in sich aktivieren. (Obwohl man auch eine starke Vorliebe für die eine oder die andere hegen kann. Ich komme gleich darauf zurück.)

Man könnte die derzeitigen Fifty-fifty-Beziehungen der zweiten Phase so zusammenfassen: Wenn Männer und Frauen selbst in intimen Momenten an einer politisch korrekten Gleichheit festhalten, geht die sexuelle Anziehungskraft verloren. Ich meine damit nicht nur den Wunsch nach Geschlechtsverkehr, nein, die gesamte Beziehung verliert an Saft und Kraft. Die Liebe kann so stark sein wie zuvor, die Freundschaft kann so stark sein wie zuvor, aber die sexuelle Polarität verblasst – es sei denn, der eine Partner ist *in Augenblicken sexueller Nähe* bereit, den maskulinen Pol auszuspielen und der andere den femininen. Sie müssen die maskulinen und femininen Unterschiede beleben, wenn Sie auf dem Spielfeld sexueller Leidenschaft am Ball bleiben wollen.

Das gilt für homosexuelle ebenso wie für heterosexuelle Beziehungen. Tatsächlich sind sich Schwule und Lesben sehr bewusst, dass die sexuelle Polarität nicht vom Geschlecht abhängt. Aber auch sie brauchen zwei Pole, um das leidenschaftliche Spiel der Sexualität in ihren Beziehungen zu erhalten: männlich und weiblich, oben und unten, Geben und Nehmen – wie immer man diese sich ergänzenden Rollen im sexuellen Spiel nennen will.

Es liegt an Ihnen: Sie können eine langjährige Freundschaft mit einem Menschen haben, der Ihnen gleicht, aber wenn Sie eine starke sexuelle Polarität wünschen, brauchen Sie einen Partner, der maskuliner oder femininer ist als Sie.

Es kommt nicht darauf an, ob beide Partner Männer oder Frauen sind. Es macht keinen Unterschied, ob in einer heterosexuellen Beziehung der Mann die feminine Rolle oder die Frau die maskuline Rolle spielt. Es ist egal, wenn beide jeden Tag die Rollen tauschen. Sie brauchen für die sexuelle Polarität nur zwei energetische Pole, einen anziehenden Unterschied zwischen maskulin und feminin. *Sie brauchen diese Unterschiede nicht für die Liebe, sondern um die sexuelle Leidenschaft aufrechtzuerhalten.*

Manche Menschen, deren sexuelle Essenz ausgeglichener ist, brauchen gar keine sexuelle Polarität. Sie *wollen* nicht so viel Leidenschaft in ihrer Intimität. Sie wollen kein liebevolles Gerangel, keine sexuelle Inspiration, keine spielerischen Anzüglichkeiten. Sie hätten lieber eine zivilisierte Freundschaft in Liebe und mit vielen Gemeinsamkeiten, ohne die Höhen und Tiefen der Leidenschaft. Solche Menschen brauchen dieses Buch nicht, ja, sie finden es vielleicht sogar anstößig.

Das Buch wurde für Menschen mit einer maskulinen Essenz sowie für ihre Partner/innen geschrieben, die eine eher feminine Essenz besitzen, denn man zieht immer sein sexuelles Gegenteil an. Diese Menschen fühlen sich von Beziehungen angezogen, die auf einem Unterschied basieren, ob sie es wollen oder nicht, im Gutem wie im Schlechtem.

Ihre sexuelle Essenz entspricht Ihrer tiefsten sexuellen Veranlagung. Ist Ihre Essenz eher maskulin, können Sie es zwar genießen, zu Hause zu bleiben und mit den Kindern zu spielen, aber im Grunde werden Sie von einer Aufgabe, einer Mission getrieben. Sie kennen Ihre Mission vielleicht noch nicht, aber solange Sie diesen tiefen Lebenssinn noch nicht entdeckt haben und voll ausleben, fühlt sich Ihr Leben sinnlos und leer an, selbst wenn Ihre intimen Beziehungen und Ihr Familienleben voller Liebe sind.

Haben Sie eine eher feminine Essenz, kann Ihr Berufsleben zwar unglaublich befriedigend sein, doch in der Tiefe Ihres Wesens finden Sie erst Erfüllung, wenn auch Ihre Beziehung oder Ihr Familienleben voller Liebe sind.

Für einen Menschen mit einem maskulinen Wesenskern hat die „Mission" oder die Suche nach der Freiheit Priorität, für einen Menschen mit einem femininen Wesenskern die Suche nach der Liebe. Das ist der Grund, warum Menschen mit einer maskulinen Essenz beim Fernsehen lieber ein Fußballspiel oder einen Boxkampf betrachten als eine Liebesgeschichte: Im Sport geht es darum, Freiheit zu erlangen und sich zum Beispiel aus dem Griff des Gegners zu befreien oder sich seinen Schlägen zu entziehen. Es geht darum, seine Mission erfolgreich zu erfüllen, den Ball ins Tor zu schießen oder nach zwölf Runden im Boxring immer noch aufrecht dazustehen. Die Mission, der Wettstreit und das Gefühl, alles zu riskieren (ja, dem Tod ins Auge zu sehen), bedeuten reine Ekstase für das maskuline Wesen. Sie brauchen sich nur anzusehen, wie beliebt Kriegsgeschichten, gefährliche Heldentaten und sportliche Entscheidungskämpfe unter Männern sind.

Doch das feminine Wesen wird zutiefst von der Suche nach Liebe berührt. Die Sehnsucht nach Liebe erfüllt alle femininen Formen der Unterhaltung – sei es in Seifenopern, Liebesgeschichten oder in Gesprächen über Beziehungen.

Das Feminine will mit Liebe erfüllt werden, und wenn die Seligkeit einer echten Liebe nicht auftaucht, tun es auch Schokolade, Eis oder ein erquickendes romantisches Drama. Das Maskuline will sich an einem Leben auf Messers Schneide ergötzen, und wenn der Betreffende nicht genug Schneid hat, es selbst zu leben, schaut er sich im Fernsehen Sportveranstaltungen und Krimis an.

Natürlich schauen sich auch glückliche und erfüllte Männer und Frauen gerne Sportsendungen an und genießen es, Eisbecher zu löffeln. Ich möchte nur etwas klarstellen: Obwohl alle Menschen sowohl maskuline als auch feminine Eigenschaften haben und jederzeit einsetzen können – zum Beispiel, um sich in der Firma zu behaupten oder ihre Kinder zu versorgen –, sind die meisten Männer und Frauen im Kern mehr maskulin oder mehr feminin. Und das zeigt sich in ihrer bevorzugten Unterhaltungsform ebenso wie in ihren sexuellen Vorlieben.

Überlegen Sie doch mal: Haben Sie es lieber, wenn Ihre sexuelle Partnerin stärker ist als Sie, oder möchten Sie lieber ihre physische Verletzlichkeit spüren? Was erregt Sie mehr: Ihre Partnerin kraftvoll unter sich zu halten oder selbst unter Ihrer Partnerin zu liegen? Von einer einfühlsamen und starken Liebhaberin mitgerissen zu werden oder zu spüren, wie die Geliebte sich hingibt und in Ihren Armen zerfließt? Vielleicht mögen Sie beides – aber was erregt Sie häufiger?

Oder erregen Sie all diese Möglichkeiten gleichermaßen? Das heißt, fühlen Sie sich von einer körperlich schwächeren Partnerin ebenso angezogen wie von einer stärkeren und gleich starken?

Die meisten Menschen, so in etwa neunzig Prozent, haben anscheinend klare Vorlieben. Entweder wünschen sie sich, dass ihr Partner die Küchenschabe zerquetscht, die auf sie zukrabbelt, oder sie übernehmen es gerne selbst, vielleicht sogar mit sportlicher Inbrunst. Die meisten Menschen ziehen im Fernsehen einen Liebesfilm eindeutig einem Boxkampf vor oder umgekehrt. Sie können vielleicht beides genießen, werden aber im Kern mehr von dem einen oder dem anderen emotional mitgerissen. Wenn Sie jemals eine Gruppe maskuliner Menschen bei einem wichtigen Fußballspiel beobachtet haben, wissen Sie, wie emotional der maskuline Kern werden kann, wenn er zusieht, wie jemand eine gute Mission erfüllt, auf Messers Schneide lebt und alles gibt – oder abgeschlachtet wird, weil er versagt hat.

Etwa neunzig Prozent aller Menschen besitzen also eine eher männliche oder eher weibliche Essenz und würden es sich wünschen, neben einer liebevollen freundschaftlichen Beziehung zumindest manchmal von ihrem Partner leidenschaftlich, liebevoll und kraftvoll mitgerissen zu werden oder ihn mitzureißen. Das gilt für Homosexuelle und Heterosexuelle gleichermaßen.

Ungefähr zehn Prozent der Menschen, Männer wie Frauen, Homosexuelle wie Heterosexuelle, haben eine ausgeglichene Essenz. Sowohl Boxkämpfe als auch Liebesgeschichten erregen ihre Gefühle oder beides lässt sie kalt. Es macht ihnen nicht wirklich etwas aus, ob ihr Liebhaber körperlich stärker oder verletzlicher ist als sie. In ihren Beziehungen spielt die sexuelle Polarität keine wichtige Rolle.

Ungeachtet Ihrer Geschlechtszugehörigkeit oder sexuellen Ausrichtung: Wenn Sie tiefe spirituelle und sexuelle Erfüllung wünschen, müssen Sie Ihre natürliche sexuelle Essenz kennen – sei sie maskulin, feminin oder ausgeglichen – und ihr in Ihrem Leben gerecht werden. Sie können Ihre wahre sexuelle Essenz nicht leugnen, indem Sie sie jahrelang unter Schichten falscher Energie verbergen, und dann erwarten, Ihren authentischen Lebenssinn zu erfahren und frei im Strom der Liebe zu schwimmen. Dieses Buch ist ein Leitfaden für das Ablegen der falschen Rollen und ein Leben, das Ihrem wahren Wesenskern entspricht, besonders für Menschen mit einer maskulinen sexuellen Essenz, sowie für ihre weiblichen Geliebten, die mit ihnen umgehen müssen.

In dem gut gemeinten Versuch, Männern und Frauen gleiche Chancen und Rechte zu verschaffen, unterdrücken viele Menschen unabsichtlich ihre wahre sexuelle Essenz. Das muss nicht so sein. Es ist durchaus möglich, Gleichberechtigung anzustreben und gleichzeitig seinen femininen oder maskulinen Kern auszuleben. Aber die meisten Menschen tun das nicht. Also leiden sie.

Die meisten Menschen vergessen, dass die Gleichberechtigung, die im Büro funktioniert, in der Intimsphäre bei neunzig Prozent der Paare fehl am Platz ist, das heißt, wenn deren Essenz nicht ausgeglichen, sondern bei einem Partner feminin und bei dem anderen maskulin ist. Damit die sexuelle Leidenschaft in solchen polarisierten Beziehungen strömen kann, sollten die Unterschiede zwischen feminin und maskulin in intimen Momenten betont, nicht aber gemindert werden. Verringern sich die Polaritäten aufgrund familiärer oder beruflicher Belastungen, nimmt auch die sexuelle Anziehung ab – ebenso wie die spirituelle Tiefe und die körperliche Gesundheit.

Wenn Sie Ihre maskuline oder feminine Essenz in eine fälschlich ausgeglichene Persona zwängen, schadet das all Ihren Anteilen. Viele Menschen mit einer wahren femininen Essenz weisen eine ganze Serie physischer Symptome auf, wenn ihre feminine Energie „austrocknet“, weil sie Jahr um Jahr versuchen, ihrem Körper zu viel maskuline Energie zuzumuten, um sich einem maskulinen Arbeitsstil anzupassen. Und viele Menschen mit maskuliner Essenz, die versuchen, sich an die feminine Art der Kooperation und der fließenden Energie anzupassen, schneiden sich von ihrem Lebenssinn ab und unterbinden ihre tiefste Wahrheit aus Angst vor den Konsequenzen, die es haben könnte, zu ihrer wahren Männlichkeit zu stehen. Daher auch die häufigen Beschwerden über zu viele „Mannsweiber" und „Waschlappen".

Wenn Sie Ihren wahren Kern leugnen, leugnen Sie auch die Möglichkeit wahrer und echter Liebe. Liebe ist Offenheit, durch und durch. Und wahre Spiritualität bedeutet, Liebe zu praktizieren, Offenheit zu praktizieren. Ein Mensch, der seine eigene Essenz leugnet und sein wahres Begehren verbirgt, ist zerrissen und unfähig, sich entspannt auf die Offenheit der Liebe einzulassen. Sein Geist wird eingeengt und verdreht. Unfähig, die natürliche Leichtigkeit und uneingeschränkte Kraft seines eigenen Kerns zu spüren, fühlt er sich bedroht und fürchtet sich. Diese Furcht ist die Wurzel seiner Unfähigkeit, sich in der Liebe ganz zu öffnen. Ein solcher Mensch ist spirituell behindert, sein Herz ist verschüttet, selbst wenn er sich vielleicht eine sichere Beziehung und eine erfolgreiche Karriere aufgebaut hat.

In unserer Kultur mögen wir in Bezug auf persönliche Freiheit, Gleichberechtigung der Geschlechter und soziale Rechte weitergekommen sein, doch in spiritueller Hinsicht sind wir eingeschränkt und ängstlich geblieben. Im Interesse der individuellen Autonomie und sozialen Gerechtigkeit haben wir – mit den besten Absichten – begonnen, die Unterschiede zwischen maskulin und feminin irrtümlicherweise zu nivellieren. In diesem Prozess kommen viele an den Punkt, wo sie ihre tiefsten Sehnsüchte leugnen, die in ihrer wahren sexuellen Essenz verwurzelt sind. Viele Menschen *glauben* heute zwar, eine ausgeglichene sexuelle Essenz zu besitzen, doch die meisten unterdrücken in Wirklichkeit ihre natürlichen Wünsche, die ihrem wahren maskulinen oder femininen Kern entspringen.

Wenn Sie Ihr Leben wirklich in die Hand nehmen wollen, müssen Sie sich zunächst die Wahrheit eingestehen. *Der Weg des wahren Mannes* beleuchtet viele Themen, an denen wir uns oft vorbeimogeln oder die wir leugnen. Wenn Sie zum Beispiel eine wirklich ausgeglichene sexuelle Essenz haben, dann üben sexuelle Signale keine große Wirkung auf Sie aus. Sind Sie jedoch ein heterosexueller Mann mit einer wirklich maskulinen Essenz, dann sind Sie mehr oder wenig konstant von allen femininen Frauen angezogen, die Ihnen im Laufe des Tages am Arbeitsplatz oder auf der Straße begegnen. Verheiratete Frauen, Teenager ... solange sie das feminine Leuchten ausstrahlen, verspüren Sie den Sog. Wie verwandeln Sie dieses potenzielle sexuelle Problem in eine spirituelle Gabe?

Wenn Sie eine maskuline Essenz besitzen und einmal absolut ehrlich sind, müssen Sie wahrscheinlich zugeben, dass Ihre intime Beziehung Ihnen nicht so wichtig ist wie Ihre „Mission" im Leben – dennoch wünschen Sie sich eine erfüllte und dynamische intime Beziehung, vielleicht sogar sehr. Wie gehen Sie mit diesem häufig missverstandenen Dilemma um?

Um derartige Fragen so klar wie möglich zu beantworten, habe ich dieses Buch für den typischsten Fall von maskuliner sexueller Essenz formuliert: Für den heterosexuellen Mann mit einer maskulinen sexuellen Essenz. Wie schon gesagt gibt es viele verschiedene Kombinationen von Geschlecht, Essenz und sexueller Vorliebe. Beispielsweise könnten Sie eine heterosexuelle Frau mit einer maskulinen Essenz sein, die mit einem Mann mit einer femininen Essenz verheiratet ist, oder Sie sind ein homosexueller Mann mit einer maskulinen Essenz, der mit einem Mann mit femininer Essenz zusammenlebt – in beiden Fällen treffen die Prinzipien dieses Buches auch auf Sie zu. Ich vertraue der Fähigkeit des Lesers, meine Worte auf seinen individuellen Fall zu beziehen, wenn er sich von den meisten unterscheidet.

Ich nehme an, das Buch hätte auch den Titel „Der Weg des wahren Menschen mit maskuliner Essenz" tragen können. Aber das Ganze wäre zu sperrig geworden, hätte ich versucht, jede mögliche Variation von „er" und „sie", von „maskuliner sexueller Essenz" und „ausgeglichener sexueller Essenz" in jeder Form von heterosexueller, bisexueller und homosexueller Beziehung aufzuführen. Am Ende habe ich mich für die Einfachheit entschieden. Sie können die Variationen selbst einfügen. Wenn Ihr Partner ungeachtet seiner Anatomie,

Geschlechtszugehörigkeit oder sexuellen Vorlieben eine maskuline sexuelle Essenz hat, wird Ihnen dieses Buch helfen, Klarheit in Ihr Leben zu bringen und Sie befähigen, Ihr Bestes zu geben, privat und bei der Arbeit, sexuell und spirituell.

Der Weg des wahren Mannes wurde ausdrücklich für Menschen geschrieben, die das andere Geschlecht und Menschen mit anderen sexuellen Orientierungen schon jetzt mit Respekt betrachten, und die Männer und Frauen gesellschaftlich, ökonomisch und politisch für gleichwertig halten. Jetzt sind wir bereit, die nächste Stufe zu erklimmen: Auf der Basis von Gleichheit und gegenseitigem Respekt können wir nun die sexuelle und spirituelle Leidenschaft feiern, die der maskulin-femininen Polarität innewohnt.

Es ist an der Zeit, über das platte Macho-Ideal – nur Rückgrat und kein Herz – hinauszugehen. Es ist auch an der Zeit, das Ideal des sensiblen und mitfühlenden Waschlappens – nur Herz und kein Rückgrat – hinter sich zu lassen. Herz und Rückgrat müssen sich in *einem* Mann vereinen und dann transzendiert werden, um den vollsten Ausdruck der Liebe und des Bewusstseins zu erlauben. Das verlangt eine tiefe Entspannung in die unendliche Offenheit dieses gegenwärtigen Augenblicks. Und es verlangt eine neue Art von Mut. Das ist der *Weg des wahren Mannes.*

TEIL 1

Der Weg eines Mannes

1
Hoffen Sie nicht länger, dass irgendwann alles erledigt ist

Die meisten Männer glauben irrtümlicherweise, irgendwann alles geschafft zu haben: „Wenn ich genug arbeite, kann ich mich eines Tages ausruhen." Oder: „Eines Tages wird meine Frau das alles verstehen und aufhören, sich zu beschweren." Oder: „Ich tue das jetzt nur, damit ich später so leben kann, wie ich wirklich will." Der Irrtum dieser Männer beruht auf der Vorstellung, dass die Dinge irgendwann grundlegend anders sein werden. Aber das werden sie nicht. Alles geht immer so weiter. Zeit unseres Lebens besteht die kreative Herausforderung darin, mit dem gegenwärtigen Augenblick zu ringen, zu spielen, ihn zu lieben, während Sie Ihre einzigartigen Gaben darbieten.

Es wird niemals vorbei sein, also warten Sie nicht länger auf die Belohnung. Widmen Sie von heute an mindestens eine Stunde am Tag den Dingen, die Sie sich für die Zeit aufgespart haben, wo Ihre Finanzen stabiler oder Ihre Kinder aus dem Haus sind, oder wo Sie Ihre Pflichten erfüllt haben und sich frei fühlen, zu tun, was Sie wirklich tun wollen. Warten Sie nicht länger. Glauben Sie nicht an das Märchen „Eines Tages wird alles anders sein". Tun Sie *jetzt*, was Ihnen Freude macht, worauf Sie gewartet haben, wofür Sie geboren wurden.

Verbringen Sie mindestens eine Stunde am Tag mit Dingen, die Sie einfach gerne tun – die Sie aus tiefstem Herzen tun wollen – ‚trotz der täglichen Pflichten, die Sie scheinbar einschränken. Aber seien Sie gewarnt: Vielleicht werden Sie entdecken, dass Sie es gar nicht tun wollen oder können, und dass Ihre Fantasie über Ihr zukünftiges Leben wirklich nichts anderes als eine Fantasie ist.

Die meisten Aufschübe sind Ausreden für einen Mangel an kreativer Disziplin. Ein Mann, der *wirklich* etwas tun will, lässt sich nicht von begrenzten finanziellen Mitteln oder familiären Verpflichtungen aufhalten, obwohl sie einem Mann, der den kreativen Herausforderungen von vornherein nicht gewachsen ist, als willkommene Ausreden dienen. Finden Sie noch heute heraus, ob Sie wirklich bereit sind, alles zu tun, um Ihre Gaben aus vollem Herzen darzubieten. Tun Sie den ersten Schritt und nehmen Sie sich heute mindestens eine Stunde, um Ihr vollstes Geschenk zu geben, was immer das gerade sein mag, sodass Sie beim Schlafengehen wissen, Sie hätten diesen Tag nicht mutiger, kreativer und großzügiger leben können.

Außer an das Märchen, Ihr Leben könnte eines Tages grundlegend anders sein, glauben und hoffen Sie vielleicht, dass sich Ihre Partnerin eines Tages vollkommen verändern wird. Warten Sie nicht darauf. Gehen Sie davon aus, dass sie für immer so bleiben wird, wie sie ist. Wenn das Verhalten oder die Launen Ihrer Partnerin wirklich untragbar für Sie sind, sollten Sie sie verlassen, ohne zurückzublicken – da Sie sie ja sowieso nicht ändern können. Finden Sie ihr Verhalten jedoch einfach nur unangenehm oder nervig, dann sehen Sie ein, dass sie immer so sein wird. Aus der Sicht des Maskulinen sieht das Feminine immer chaotisch und kompliziert aus.

Wenn Ihnen das nächste Mal auffällt, dass Sie Ihre Partnerin verändern wollen, damit sie nicht länger .... (bitte vervollständigen), entspannen Sie sich und schenken Sie ihr Ihre Liebe, indem Sie sie berühren und ihr sagen, dass Sie sie lieben, wenn sie so ist (was immer Sie oben aufgeführt haben). Nehmen Sie sie in den Arm, ringen Sie mit ihr oder schreien und brüllen Sie einfach drauflos, aber bemühen Sie sich nicht, das, was Sie auf die Palme bringt, zu verändern. Üben Sie Liebe, anstatt zu versuchen, die Eigenschaft, die Sie stört, zum Verschwinden zu bringen. Sie können der Rangelei mit dem Weiblichen nicht entkommen. Lernen Sie, das endlose emotionale Drama, das das Feminine so zu genießen scheint, mit Humor zu sehen. Die Liebe, die Sie auf diese Weise aufbauen, kann das Verhalten Ihrer

Partnerin wieder auf den Boden bringen; Ihr Versuch, sie zu verändern und Ihre Frustration werden das nie erreichen.

Die Welt und Ihre Partnerin werden Sie immer wieder mit unerwarteten Herausforderungen konfrontieren. Entweder Sie leben aus der Fülle und geben Ihr Bestes angesichts dieser Herausforderungen, auch heute, oder Sie warten auf eine imaginäre Zukunft, die nie eintreten wird. Männer, die ein bedeutendes Leben gelebt haben, sind Männer, die nie gewartet haben: nicht auf Geld, nicht auf Sicherheit, auf Mühelosigkeit oder auf Frauen. Spüren Sie, was Sie Ihrer Partnerin und der Welt am meisten von sich schenken wollen, und dann tun Sie alles, was Sie können, um es heute zu geben. Jeder Augenblick, den Sie warten, ist ein vergeudeter Augenblick, und jeder vergeudete Augenblick vernebelt die Klarheit Ihres Lebenssinns.

2
Leben Sie mit offenem Herzen, selbst wenn es wehtut

Ein Mann, der sich im Schmerz verschließt, leugnet sein wahres Wesen. Der überlegene Mann ist frei im Fühlen und im Handeln, selbst mitten im größten Schmerz. Falls nötig, sollte ein Mann eher mit einem wunden Herzen leben als sein Herz zu verschließen. Er sollte lernen, mit der schmerzenden Wunde zu leben und selbst aus diesem Zustand heraus spontan und voller Liebe zu handeln.

Stellen Sie sich vor, ein wichtiges Projekt ist misslungen, sie belügen Ihre Partnerin und werden dabei ertappt, oder Sie hören zufällig mit an, wie sie sich über Ihre Unzulänglichkeiten im Bett lustig macht. Wie reagieren Sie körperlich, was geschieht mit Ihrem Atem, Ihren Augen? Beobachten Sie, ob Sie auf Menschen oder Situationen, die Sie verletzen, mit Rückzug reagieren, sich verstecken oder sich in sich verschließen. Achten Sie darauf, ob es Ihnen manchmal schwerfällt, einem anderen in die Augen zu sehen oder ob Ihre Brust und Ihr Solarplexus manchmal eng und angespannt werden. Das sind Anzeichen für wenig hilfreiche Reaktionen in Bezug auf Verletzungen. Eingeschnürt und in sich verkapselt sind Sie unfähig zu handeln. Sie sind in der Spannung Ihres eigenen Schutzpanzers gefangen.

Der überlegene Mann übt sich darin, sich gerade dann zu öffnen, wenn er sich normalerweise verschließen möchte. Öffnen Sie die Vorderseite Ihres Körpers, damit Ihre Brust und Ihr Solarplexus nicht angespannt bleiben. Setzen oder stellen Sie sich aufrecht hin und werden Sie offen. Lassen Sie Ihre Brust und Ihren Bauch weich, weit und frei werden. Atmen Sie in Ihre Brust, Ihren Solarplexus und hinunter bis in Ihren Bauch. Blicken Sie Ihrem Gegenüber direkt in die Augen und spüren Sie Ihren eigenen Schmerz und gleichzeitig Ihr Gegenüber. Nur wenn Ihr Körper entspannt und offen und Ihr Atem voll und tief ist und wenn Sie Ihrem Gegenüber direkt in die Augen schauen, kann sich Ihre tiefste Intelligenz spontan äußern. Um in Beziehungen als überlegener Mann, als Samurai zu handeln, müssen Sie die jeweilige Situation mit Ihrem ganzen Körper spüren. Ein verschlossener Körper kann all die subtilen Zeichen und Signale nicht lesen und ist deshalb nicht in der Lage, die Situation zu meistern.

3
Leben Sie, als wäre Ihr Vater tot

Ein Mann muss seinen Vater lieben, sich aber gleichzeitig von den Erwartungen und der Kritik seines Vaters lösen, um ein freier Mann zu sein.

Stellen Sie sich vor, Ihr Vater wäre gestorben, oder erinnern Sie sich daran, wie es war, als er gestorben ist. Verspüren Sie Erleichterung angesichts seines Todes? Gibt es einen Teil in Ihnen, der glücklich ist, nicht länger seine Erwartungen erfüllen oder seine Kritik erleiden zu müssen?

Hätten Sie anders gelebt, wenn Sie nie versucht hätten, Ihrem Vater zu gefallen? Wenn Sie nie versucht hätten, Ihrem Vater zu beweisen, dass Sie etwas wert sind? Wenn Sie nie gefühlt hätten, wie der kritische Blick Ihres Vaters auf Ihnen lastet?

Unternehmen Sie in den nächsten drei Tagen mindestens einmal täglich etwas, das Sie unter dem Einfluss Ihres Vaters vermieden oder unterdrückt haben. Üben Sie auf diese Weise, sich von seinen unterschwelligen Erwartungen zu befreien, die inzwischen Teil Ihrer eigenen Selbstkritik sind. Üben Sie drei Tage lang einmal täglich, auf diese Weise frei zu sein – selbst wenn Sie sich weiterhin ängstlich, begrenzt, unwürdig oder von den Erwartungen Ihres Vaters belastet fühlen.

4
Lernen Sie Ihre wahren Grenzen kennen und machen Sie sich nichts vor

Es ehrt einen Mann, seine Ängste, seine Widerstände und seine gefühlten Grenzen zuzugeben. Es ist schlicht und einfach die Wahrheit, dass jeder Mann seine Grenzen, seine Fähigkeit, sich zu entwickeln, und sein eigenes Schicksal hat. Aber es ist unwürdig, sich selbst und anderen über seinen wahren Platz im Leben etwas vorzumachen. Ein Mann sollte nicht vorgeben, erleuchteter zu sein als er ist – aber er sollte auch nicht hinter seinen wahren Möglichkeiten zurückbleiben. Je mehr er sich bis an seine Grenzen vorwagt, desto wertvoller wird er im Umgang mit anderen Männern, desto mehr kann man sich darauf verlassen, dass er authentisch und wirklich präsent ist. Wo die Grenzen eines Mannes liegen, ist nicht so wichtig wie die Tatsache, ob er wahrhaftig an seinen Grenzen lebt, anstatt faul oder verblendet zu sein.

Wählen Sie einen Bereich Ihres Lebens aus – vielleicht Ihre intime Beziehung, Ihre Karriere, das Verhältnis zu Ihren Kindern oder Ihre spirituelle Praxis. Sicher verdienen Sie mit irgendeiner Tätigkeit Ihren Lebensunterhalt: Welche Ängste halten Sie davon ab, einen größeren Beitrag für die Menschheit zu leisten, ein höheres Einkommen zu haben oder Ihr Geld auf kreativere und erfreulichere Weise zu verdienen? Wenn Sie vollkommen furchtlos wären, würden Sie Ihren

Lebensunterhalt genauso verdienen wie jetzt? Ihre Grenze liegt an dem Punkt, an dem Sie sich bremsen, an dem Sie Ihr wertvollstes Geschenk zurückhalten und stattdessen Ihre Ängste nähren.

Haben Sie den Kontakt zu den Ängsten verloren, die Ihr Einkommen und Ihren Lebensstil einschränken und formen? Wenn Sie so tun, als hätten Sie keine Ängste, dann lügen Sie sich etwas vor. Jeder Mann hat Angst, es sei denn, er ist vollkommen frei. Wenn Sie das nicht zugeben können, machen Sie sich selbst und anderen etwas vor. Ihre Freunde werden Ihre Ängste spüren, auch wenn Sie selbst das nicht tun. Sie werden das Vertrauen in Sie verlieren, weil sie sehen, dass Sie sich selbst etwas vormachen und somit dazu neigen, sie ebenfalls bewusst oder unbewusst zu belügen.

Oder vielleicht sind Ihnen Ihre Ängste vollkommen bewusst: Ihre Angst, Risiken einzugehen, Ihre Angst zu versagen, oder Ihre Angst vor dem Erfolg. Vielleicht haben Sie es sich in Ihrem Leben bequem eingerichtet und fürchten Veränderungen Ihres Lebensstils, die mit einer beruflichen Veränderung einhergehen könnten, selbst wenn die neue Karriere dem, was Sie sich für Ihr Leben wünschen, viel näher kommt. Manche Männer fürchten sich vor dem Gefühl der Angst und wagen sich deshalb nicht einmal bis an ihre Grenzen vor. Sie wählen einen Job, von dem sie wissen, dass sie ihn gut und mühelos ausführen können, und geben nicht einmal annähernd ihr Bestes. Ihr Leben ist relativ sicher und bequem, aber tot. Ihnen fehlt es an Lebendigkeit, Tiefe und inspirierter Energie – Eigenschaften, die einen Mann auszeichnen, der auf Messers Schneide lebt. Wenn Sie ein Mann sind, der sich zurückhält, vielleicht hart arbeitet, aber nicht bis an seine Grenzen geht, werden andere Männer nicht darauf vertrauen, dass Sie ihnen dabei helfen werden, ebenfalls bis an ihre Grenzen zu gehen und ihre Gaben voll auszudrücken.

Machen Sie einen Versuch: Sprechen Sie laut aus, wo in Ihrer Karriere Ihre Grenzen liegen. Sagen Sie zum Beispiel: „Ich weiß, ich könnte mehr Geld verdienen, aber ich bin zu faul für die Überstunden. Ich weiß, ich könnte meine wahren Talente mehr einbringen, habe aber Angst, nicht erfolgreich zu sein und als mittelloser Versager zu enden. Ich habe fünfzehn Jahre an meiner Karriere gearbeitet und fürchte mich, sie loszulassen und neu zu beginnen, obwohl ich weiß, dass ich den Großteil meines Lebens mit Dingen zubringe, die mir egal sind. Ich könnte mein Geld auf kreativere Weise verdienen, aber ich sitze zu oft vor dem Fernseher, anstatt kreativ zu sein."

Achten Sie Ihre Grenzen. Achten Sie Ihre Entscheidungen. Seien Sie in Bezug auf beide ehrlich zu sich selbst. Seien Sie ehrlich Ihren Freunden gegenüber. Ein furchtsamer Mann, der weiß, dass er Angst hat, ist vertrauenswürdiger als ein furchtsamer Mann, der seine Angst nicht kennt. Und ein furchtsamer Mann, der seiner Angst entgegendrängt, an der Grenze lebt und von dort aus sein Bestes gibt, ist vertrauenswürdiger und beflügelnder als ein ängstlicher Mann, der sich in seiner Komfortzone zurücklehnt und nicht bereit ist, seine Angst von einem Tag zum anderen zu erfahren. Ein freier Mann kann sich seine Ängste eingestehen, ohne sie zu verstecken oder sich vor ihnen zu verstecken. Berühren Sie Ihre Ängste fest mit den Lippen, küssen Sie sie, ohne sich zurückzuziehen und ohne sie aggressiv zu überwältigen.

5
Halten Sie sich immer an Ihre tiefste Erkenntnis

Die Heimat eines Mannes muss die Ewigkeit sein, von Augenblick zu Augenblick. Ohne sie ist er verloren und greift, immerfort strebend, nach Rauchschwaden. Ein Mann muss alles tun, was nötig ist, um diese ewig neue Erkenntnis zu gewinnen, zu stabilisieren und sein Leben an ihr auszurichten.

Machen Sie Ihr Leben zu einem immerwährenden Prozess, um der zu sein, der Sie auf der tiefsten, einfachsten Ebene Ihres Wesens sind. Alles außer diesem Prozess ist zweitrangig. Ihr Beruf, Ihre Kinder, Ihre Ehefrau, Ihr Geld, Ihre künstlerischen Schöpfungen, Ihre Vergnügungen – sie alle sind oberflächlich und leer, wenn sie nicht im tiefen Meer Ihres bewussten Liebens treiben. Wie viele Stunden war Ihre Aufmerksamkeit heute auf den Bereich des Veränderbaren gerichtet – auf Ereignisse, Menschen, Gedanken und Erfahrungen – und wie oft durfte Ihre Aufmerksamkeit entspannt in ihrer Quelle ruhen? Wo ist Ihre Aufmerksamkeit in diesem Augenblick? Können Sie ihre Quelle spüren? Können Sie auch nur einen Moment lang das spüren, was Ihre Aufmerksamkeit bewusst und wach sein lässt? Können Sie das tiefste Wesen der Aufmerksamkeit spüren? Was geschieht, wenn Sie Ihrer Aufmerksamkeit erlauben, einfach und mühelos in ihrer Quelle zu versinken?

Diese Quelle ist unveränderbar und immer gegenwärtig. Sie ist der konstante, stille Klang hinter und innerhalb der Musik des Lebens. Fühlen Sie so tief wie möglich in diese Quelle hinein und gehen Sie dann wieder an die Arbeit, in die Intimität, die Familie oder das schöpferische Tun. Wenn Sie Geld verdienen, tun Sie es aus dieser Quelle heraus. Stellen Sie fest, was mit den Details Ihres Lebens geschieht, wenn Sie zuverlässiger aus dieser Quelle leben.

6
Ändern Sie nie Ihre Meinung, nur um es einer Frau recht zu machen

Wenn eine Frau etwas zur Sprache bringt, das die Perspektive eines Mannes verändert, dann sollte er aufgrund dieser neuen Perspektive eine neue Entscheidung fällen. Aber er sollte nie sein tiefstes Wissen und seine Intuition übergehen, um es seiner Partnerin recht zu machen und „ihre Meinung zu teilen". Damit würde er sich selbst ebenso schwächen wie sie, und beide würden sich übereinander ärgern. Die angesammelte Unaufrichtigkeit würde ihre Liebe und ihre Entscheidungsfähigkeit unter einer dicken Kruste begraben.

Sie sollten Ihrer Partnerin immer gut zuhören und dann Ihre eigene Entscheidung fällen. Wenn Sie sich entscheiden, den Vorschlägen Ihrer Partnerin zu folgen, obwohl Sie in der Tiefe Ihres Herzens wissen, dass eine andere Entscheidung klüger wäre, sagen Sie damit im Grunde: „Ich vertraue meiner eigenen Weisheit nicht." Damit schwächen Sie sich. Sie schwächen auch das Vertrauen Ihrer Partnerin in Sie: Warum sollte sie Ihrer Weisheit vertrauen, wenn Sie das auch nicht tun?

Wenn Sie Ihrer Partnerin zuliebe Ihre tiefste Wahrheit leugnen, wird jeder spüren, dass es Ihnen an Aufrichtigkeit fehlt. Man wird spüren, dass Ihr unechtes Lächeln Ihre innere Zerrissenheit verbirgt. Ihre Freunde, Ihre Kinder und Ihre Arbeitskollegen mögen Sie zwar lieben, aber Sie werden Ihnen nicht vertrauen – Sie selbst vertrauen Ihren tiefsten Absichten ja auch nicht. Und was noch wichtiger ist:

Ihre eigene Unaufrichtigkeit wird es Ihnen erschweren, klar zu handeln. Ihre Handlungen sind nicht länger in Einklang mit Ihrem Wesenskern.

Wenn Sie Ihrer Partnerin hingegen zuhören, das Gesagte abwägen und die bestmögliche Entscheidung fällen, handeln Sie im Einklang mit Ihrem tiefsten Wesenskern. Sie sagen im Grunde: „Meine innerste Weisheit hat mich zu dieser Entscheidung geführt. Wenn ich mich irre, werde ich daraus lernen und meine Weisheit wird sich vertiefen. Ich bin bereit, mich zu irren und daran zu wachsen. Ich vertraue dem Prozess, bei dem ich auf der Basis meiner tiefsten Weisheit handle."

Diese Einstellung, dieses Selbstvertrauen weckt auch in anderen das Vertrauen in Sie. Sie können sich zwar irren, sind aber bereit, es herauszufinden und an der Erfahrung zu wachsen. Sie sind bereit, anderen zuzuhören, übernehmen letzten Endes jedoch selbst die Verantwortung und fällen Ihre eigenen Entscheidungen. Sie ziehen keinen anderen zur Rechenschaft.

Wenn Sie jedoch auf Ihre eigene Entscheidung verzichten, um Ihrer Partnerin die Entscheidung zu überlassen, werden Sie ihr die Schuld geben, wenn sie sich geirrt hat, und Sie werden sich machtlos fühlen, wenn sie recht hat, weil Sie sich um die Möglichkeit betrogen haben, aus der Tiefe Ihres eigenen Wesens zu handeln und an Ihren Fehlern zu wachsen. Seien Sie stets bereit, Ihre Einstellung zu ändern, wenn Ihre Partnerin Ihnen eine andere Sichtweise eröffnet – mit Worten oder durch ihre Körpersprache –, und fällen Sie dann auf der Basis Ihrer tiefsten intuitiven Weisheit und Ihres Wissens Ihre eigene Entscheidung. Das kann eine richtige oder eine falsche Entscheidung sein, aber was immer auch geschieht: Sie ist Ihr bester Versuch, und das verstärkt Ihre Handlungsfähigkeit auch in Zukunft.

7
Ihr Lebensziel muss Ihnen wichtiger sein als Ihre Beziehung

Jeder Mann weiß, dass sein höchstes Lebensziel nicht auf eine bestimmte Beziehung reduziert werden kann. Stellt ein Mann seine Beziehung höher als sein höchstes Ziel, schwächt er sich selbst. Er erweist dem Universum einen schlechten Dienst und betrügt seine Partnerin um einen wahrhaftigen Mann, der ihr seine volle, ungeteilte Gegenwart schenken kann.

Gestehen Sie sich selbst ein, dass Sie sich, wenn Sie zwischen der perfekten Beziehung und Ihrem höchsten Ziel wählen könnten, dafür entscheiden würden, Ihr höchstes Lebensziel zu erreichen. Allein diese Selbsterkenntnis kann einem Mann viel von dem Druck nehmen, den er empfindet, wenn er glaubt, seine Beziehung über alles stellen zu müssen, obwohl sie in Wirklichkeit nicht seine höchste Priorität ist.

An oberster Stelle steht immer Ihre Lebensaufgabe. Solange Sie Ihre Mission nicht kennen und Ihr Leben nicht auf sie eingestellt haben, werden Sie sich innerlich immer leer fühlen. Dann ist Ihre Präsenz geschwächt und es fällt Ihnen schwer, im Alltagsleben oder mit Ihrer Partnerin Ihren Mann zu stehen. Wenn Sie das nächste Mal merken, dass Sie Ihrer Partnerin „nachgeben", Ihre Lebensaufgabe aufschieben oder Ihr wahres Ziel leugnen, um mehr Zeit mit ihr zu verbringen, halten Sie inne. Sagen Sie Ihrer Partnerin, dass Sie sie zwar lieben, Ihr wichtigstes Herzensziel aber nicht verleugnen können. Sagen Sie Ihr, dass Sie dreißig Minuten (oder einen anderen festen Zeitraum) mit voller Aufmerksamkeit und in absoluter Gegenwärtigkeit mit ihr verbringen werden, sich dann aber wieder Ihrer Aufgabe zuwenden müssen.

Wenn Ihre Partnerin täglich dreißig Minuten Ihrer ungeteilten Aufmerksamkeit und Ihrer mitreißenden Liebe erhält, wird sie das mehr erfüllen, als viele Stunden halbherziger und unachtsamer Präsenz, bei der Ihr Herz nicht wirklich bei der Sache ist. Sie sollen die Zeit, die Sie mit Ihrer Partnerin verbringen, wirklich mehr als alles andere mit ihr verbringen wollen. Wenn Sie lieber etwas anderes tun würden, wird Ihre Partnerin das spüren. Und dann werden Sie beide unzufrieden sein.

8
Wagen Sie sich immer ein wenig über Ihre Grenzen hinaus

Das Wachstum eines Mannes wird immer dann gefördert, wenn er ein wenig über seine Grenzen, seine Fähigkeiten und seine Ängste hinausgeht. Er sollte nicht zu bequem sein und selbstzufrieden in der Sicherheit seiner Komfortzone stagnieren. Er sollte sich aber auch nicht zu weit über seine Grenzen hinauswagen und sich unnötig anstrengen, unfähig, seine Erfahrungen zu verarbeiten. Er sollte sich lediglich immer ein wenig über die Grenzen seiner Angst und seines Unbehagens vorwagen. Immer. Bei allem, was er tut.

Sobald Sie sich Ihre wahre Grenze ehrlich eingestanden haben, ist es das Beste, sich immer ein klein wenig über sie hinauszuwagen. Nur wenige Männer haben genug Mut für diese Übung. Die meisten begnügen sich entweder mit dem leichten Weg, oder sie spielen sich auf, indem sie den schweren Extrempfad wählen. Es kann sein, dass Sie aus Unsicherheit an sich zweifeln und immer den einfachen Ausweg suchen, ohne Ihre wirklichen Grenzen oder Ihre wahre Berufung je zu berühren. Andererseits kann Ihre Unsicherheit Sie dazu bringen, sich unaufhörlich anzutreiben, um Ihr Gefühl des Mangels zu besiegen.

Beide Ansätze gehen nicht auf Ihren gegenwärtigen Zustand ein, der häufig aus Angst besteht. Wenn Sie sich angestrengt bemühen, Ihrer Angst aus dem Weg zu gehen, können Sie sich nicht in der Angstlosigkeit entspannen.

Ihre Angst charakterisiert Sie am deutlichsten. Sie sollten Ihre Angst kennen. Sie sollten sie praktisch immer spüren. Die Angst muss zu Ihrem Freund werden, damit Sie sich nicht länger unwohl mit ihr fühlen. Ihre Urangst weist Sie einfach nur darauf hin, dass Sie an Ihrer Grenze stehen. Wenn Sie sich auf die Angst einlassen und an Ihrer Grenze verweilen, kann wahre Transformation stattfinden. Wenn Sie Ihre Grenze spielerisch berühren – weder faul noch aggressiv –, können Sie den gegenwärtigen Augenblick so unverzerrt wie möglich wahrnehmen. Sie sind bereit, auf das einzugehen, was *ist*, anstatt zu versuchen, ihm zu entfliehen, indem Sie über es hinweg auf ein zukünftiges Ziel hinsteuern.

Die Angst vor der Angst kann Sie dazu verleiten, sich zurückzuhalten und ein beschränkteres Leben zu führen, als es Ihren Fähigkeiten entspricht. Die Angst vor der Angst kann Sie auch antreiben, voranzudrängen und ein unechtes Leben zu leben: Sie lassen sich aus Ihrer Mitte werfen, sind ständig angespannt und verpassen den gegenwärtigen Augenblick. Dagegen versetzt Sie die Fähigkeit, den gegenwärtigen Moment – auch die Angst – zu spüren, ohne ihm zu entfliehen, in einen Zustand lebendiger und demütiger Spontaneität. Sie sind bereit für das sich entfaltende Unbekannte, weil Sie sich von dem Horizont des Augenblicks weder zurückziehen noch über ihn hinausdrängen. Sie wagen sich einfach nur ein wenig über Ihre Grenze vor.

Indem Sie sich über Ihre Angst hinauswagen, fordern Sie Ihre Grenzen heraus, ohne zu versuchen, dem Gefühl der Angst zu entfliehen. Sie verlassen den festen Boden Ihrer Sicherheit mit ungeschütztem Herzen. Sie stehen nackt und hellwach in der Weite des Nichtwissens. Hier zieht Sie die Schwerkraft Ihres innersten Wesens an den einzigen Ort, an dem die Angst ad absurdum geführt wird: den ewigen, freien Fall Ihrer wahren Heimat. In der Sie immer sind.

Nehmen Sie Ihre Angst an und wagen Sie sich geringfügig über sie hinaus. In jedem Bereich Ihres Lebens. Beginnen Sie jetzt.

9
TUN SIE ES FÜR DIE LIEBE

Ein Mann sollte in die Welt ebenso eindringen wie in eine Frau: nicht aus Gewinnsucht oder zum Vergnügen, sondern um mehr Liebe, mehr Offenheit und mehr Tiefe zu entfachen.

Wenn Sie Ihre Partnerin das nächste Mal in sexueller Leidenschaft umarmen, spüren Sie Ihre tiefste Sehnsucht. Ihr tiefstes Verlangen im Leben. Fühlen Sie, warum Sie in Ihrem Leben überhaupt irgendetwas tun und insbesondere, warum Sie sich mit Ihrer Geliebten vereinen. Es mag viele geringere Beweggründe geben, aber was ist Ihr tiefster, Ihr eigentlichster Grund?

Die meisten Männer werden bei allem, was sie tun, von dem Wunsch geleitet, ihre tiefste Wahrheit zu finden, vollkommene Liebe und Freiheit zu genießen und ihr Bestes zu geben.

Doch viele Männer geben sich mit ein klein wenig Freiheit und Liebe zufrieden, und geben nicht alles, was in ihnen steckt. Sie genießen die Freiheit, sich ein schnelles Auto zu kaufen, recht häufig Sex zu haben und sonntags auszuschlafen. Großzügig spenden sie ihr Kleingeld für eine gute Sache, hingebungsvoll kaufen sie ihrer Partnerin einen Diamantring und fröhlich coachen sie ihr örtliches Fußballteam. Das sind angenehme Freiheiten und echte Geschenke, die im Leben der Menschen wirklich etwas bewirken. Aber vielen Männern reicht das nicht.

Die Freiheit oder die Liebe, die sie erreicht haben, und ihre Art und Weise, sie auszudrücken, kommen ihnen oft unvollständig vor. Irgendetwas fehlt. Sie haben immer noch den Wunsch, weiterzugehen, aus der Falle zu fliehen, ein Leben ohne subtile Einschränkungen, ohne

Einsamkeit, Anspannung und Angst zu führen. Viele Männer haben weiterhin das Gefühl, ihre größten Talente trotz aller Bemühungen nicht ausdrücken zu können. Im Kern fühlt sich ihr Leben genauso falsch an wie ihre Sexualität.

Wenn ein Mann seiner Partnerin die wahre Gabe seiner Sexualität schenkt, durchdringt er sie über alle Grenzen hinaus und bringt sie zum Blühen. Dasselbe gilt für die Welt. Es braucht Aufrichtigkeit, Beharrlichkeit und Herzensmut, eine Frau und die Welt wirklich zum Blühen zu bringen. Ein Mann muss seine innerste Wahrheit kennen und bereit sein, sein Bestes voll und ganz zu geben. Ohne etwas zurückzuhalten. Er muss bereit sein, mit seinem Sex und seinem Leben zum Wachstum der Liebe beizutragen, indem er die Frau und die Welt mit seinen wahren Gaben durchdringt. Diese Bereitschaft ist selten.

Viele Männer sind bereit, in ihre Frau hineinzustoßen und sie halbherzig zum Blühen zu bringen. Sie teilen ein paar Orgasmen und den einen oder anderen emotionalen, nahen Moment mit ihr, um dann zur Tagesordnung überzugehen. Viele Männer sind bereit, in die Welt hineinzustoßen und sie halbherzig zum Blühen zu bringen. Sie verdienen ein paar Euros und ihr kleiner Beitrag zur Verbesserung der Welt gibt ihnen das Gefühl, ihr Leben nicht völlig vergeudet zu haben.

Aber nur wenige Männer sind bereit, sich wirklich einzubringen und alles zu geben, um ihrer Partnerin und der Welt die Freiheit tiefstmöglicher Wahrheit, Liebe und Offenheit zu schenken. Nur wenige Männer sind bereit, mit jedem Stoß beim Sex und im Leben ihr innerstes Genie, ihre wahren Gaben, die Poesie ihres wahren Wesens zu geben. Die meisten Männer lassen sich von ihren Zweifeln und ihrer Ungewissheit zu Krüppeln machen. Oder sie halten ihre Kraft zurück, weil sie sich fürchten. Dann fummeln sie gerade genug an ihrer Partnerin oder der Welt herum, um ihr nagendes Gefühl der Falschheit und Unvollständigkeit mit etwas Vergnügen und Bequemlichkeit zu betäuben.

Sind Sie jedoch bereit, Ihre eigene Wahrheit zu entdecken und anzunehmen, sich durch Ihre Ängste hinauszuwagen und alles zu geben, was Sie haben, dann können Sie die Welt und Ihre Partnerin aus Ihrem tiefsten Wesenskern durchdringen und grenzenlos in die Liebe erblühen lassen. Sie können Ihre Partnerin so tief mit Ihrer Leidenschaft ergreifen, dass ihre Hingabe Ihr Herz aufbricht und ans Licht bringt. Sie können mit einer derart bleibenden Liebe in die Welt drängen, dass die Welt sich öffnet und Ihre tiefsten Gaben annimmt.

Es macht nicht wirklich einen Unterschied, ob Sie sich auf das weibliche Herz Ihrer Partnerin oder auf die Welt einlassen. Beide Arten der Begegnung – die sexuelle und die gesellschaftliche – erfordern Sensibilität, Spontaneität und eine starke Verbindung mit der tiefsten Wahrheit, um das Chaos und die Verschlossenheit so zu durchdringen, dass die Liebe siegt.

Weder eine Frau noch die Welt sind vorhersagbar. Oft scheinen sie Ihre Gaben abzulehnen und Ihre Fähigkeit, bei der Sache zu bleiben, zu prüfen. Und genauso oft werden sie zärtlich auf die Echtheit Ihrer entspannt dargebotenen Gaben reagieren, auf die Freiheit in Ihrem Humor, die Invasion Ihrer unnachgiebigen Liebe. Sie werden sich öffnen und Sie voll und ganz empfangen – nur um sich Ihnen wenige Momente oder Tage später aufs Neue zu widersetzen und Sie zu prüfen. Sie können weder eine Frau noch die Welt hinters Licht führen. Beide wissen genau, wann Sie halbe Sachen machen. Sie wollen Ihre Echtheit.

Es gibt zwei Möglichkeiten, mit der Frau und der Welt umzugehen, ohne Ihre wahren Gaben aufs Spiel zu setzen oder die Kraft Ihres tiefsten Wesens zu vergeuden. Entweder Sie entsagen der sexuellen Intimität und den weltlichen Dingen ganz, um sich vollständig und ohne Ablenkungen oder Kompromisse auf den von Ihnen gewählten Weg einzulassen – frei von den Anforderungen, die Ihre Partnerin oder die Welt ständig an Sie zu richten scheinen.

Die andere Möglichkeit ist, beide bis zum Anschlag zu lieben, zu durchdringen und leidenschaftlich mit ganzem Herzen mitzureißen, und beiden Ihre wahren Gaben zu schenken – trotz der ständigen Raufereien mit der Frau und mit der Welt. Sie können Ihre authentischen Gaben der Reibung aussetzen, sie zwischen Widerstand und Hingabe einschmelzen und nichts als Liebe aus der Freiheit Ihres wahren Wesens strahlen lassen, während Ihr Körper und Ihr Geist voller Glückseligkeit am unvermeidlichen Kreuz aus Lust und Schmerz, Anziehung und Abscheu, Gewinn und Verlust sterben. Keine Gabe wird zurückgehalten. Tiefes Sein ohne jede Grenze. Ihr Verkehr mit der Frau und der Welt hinterlässt nichts als Offenheit, Freiheit und Liebe.

Wenn Sie sich wirklich auf Ihre Partnerin und die Welt einlassen wollen, machen Sie besser keine halben Sachen. Reißen Sie beide mit, voller Leidenschaft und aus der Tiefe Ihres Wesens; bringen Sie beide mit den frei strömenden Gaben Ihres unnachgiebigen Herzens zum Blühen. Dringen Sie hingegen dümmlich in sie ein, um Ihre eigenen Bedürfnisse zu befriedigen, werden die Frau und die Welt Ihre mangelnde Hingabe, Tiefe und Wahrhaftigkeit spüren. Anstatt Ihrer Liebe in Liebe nachzugeben, werden die Frau und die Welt Sie ablenken, Ihnen die Energie rauben und Sie in endlose Verwicklungen ziehen, sodass Sie sich in Ihrem Leben und Ihrer Beziehung fast ständig von den Fesseln zu befreien suchen.

Sie können ein Mönch werden und allein leben, abseits von den Frauen und der Welt. Wählen Sie für Ihr Leben jedoch den sexuellen und weltlichen Austausch, dann werden Sie die Frau und die Welt entweder als Falle empfinden, oder Sie bleiben mitten im schlimmsten Chaos frei, geben sich an das Geben hin, halten nichts zurück und erleben ständige Auflösung in der Offenheit der Liebe. Durch dick und dünn – das ist der Weg des wahren Mannes.

10
Begrüssen Sie die Kritik Ihrer Freunde

Die Fähigkeit eines Mannes, die direkte Kritik eines anderen Mannes anzunehmen, entspricht seiner Fähigkeit, maskuline Energie anzunehmen. Wenn er keine gute Beziehung mit der maskulinen Energie (seinem Vater) hat, handelt er wie eine Frau und ist verletzt oder defensiv, statt sich die Kritik anderer Männer zunutze zu machen.

Etwa einmal in der Woche sollten Sie sich mit Ihren engsten Freunden zusammensetzen und darüber sprechen, was Sie in Ihrem Leben tun und wovor Sie sich fürchten. Diese Gespräche sollten kurz und einfach sein. Sie sollten erklären, wo Sie stehen. Dann sollten Ihre Freunde Ihnen eine praktische Aufgabe stellen, etwas, das Sie tun können, um etwas über sich selbst herauszufinden oder mehr Freiheit zu erwerben.

„Ich hätte gerne eine Affäre mit Denise, will aber meine Frau nicht verletzen. Ich habe Angst, sie könnte es herausfinden", sagen Sie vielleicht.

„Du sprichst jetzt schon ein halbes Jahr von Denise. Du vergeudest deine Lebenskraft mit dieser Fantasie. Entweder gehst du bis morgen Abend mit ihr ins Bett, oder du lässt das Ganze bleiben und sprichst nicht mehr davon", könnten Ihre Freunde sagen, um Ihr Zögern und Ihre Energielosigkeit herauszufordern.

„Okay. Ich weiß, dass ich es nicht tun werde. Ich kann jetzt sehen, dass ich zu sehr fürchte, meine Ehe durch eine Affäre mit Denise zu zerstören. Meine Ehe ist mir wichtiger als mein Verlangen nach Denise. Ich lasse die Sache fallen und konzentriere mich auf die wichtigen Dinge in meinem Leben. Danke."

Ihre engsten Freunde sollten bereit sein, Ihre Mittelmäßigkeit in Frage zu stellen und konkrete Handlungsvorschläge zu machen, die Sie auf die eine oder andere Weise aus Ihrem festgefahrenen Trott werfen. Und Sie müssen bereit sein, Ihren Freunden mit derselben ungeschminkten Ehrlichkeit zu begegnen, wenn Sie sich alle zusammen entwickeln wollen. Gute Freunde sollten untereinander keine Mittelmäßigkeit dulden. Wenn Sie nicht an Ihrer Grenze leben, sollten Ihre Freunde das respektieren, ohne Sie jedoch vom Haken zu lassen. Sie sollten Ihre Ängste würdigen, aber liebevoll damit fortfahren, Sie über Ihre Ängste hinauszulocken, ohne Sie zu drängen.

Wenn Sie von Ihren Freunden nur unterstützt, nicht aber herausgefordert werden wollen, weist das auf ein unabgeschlossenes Vaterthema hin, ungeachtet ob er noch lebt oder nicht. Die Kraft des Vaters ist die Kraft der liebevollen Herausforderung und Führung. Ohne diese maskuline Kraft erfährt Ihr Lebenskurs kein Korrektiv und Sie können dazu neigen, im Sumpf Ihrer eigenen Ambivalenz und Unentschlossenheit umherzuirren. Ihre engen Freunde können Sie mit dem klaren Licht der Liebe – unbeschattet vom ängstlichen Liebe-Jungen-Theater – beleuchten, in dem Sie die Richtung erkennen können, die Sie wirklich einschlagen wollen.

Suchen Sie sich Freunde, die selbst an ihrer Grenze leben, sich ihren Ängsten stellen und sich etwas über sie hinauswagen. Solche Männer besitzen die Fähigkeit, Sie zu lieben, ohne Sie vor der nötigen Konfrontation mit der Realität zu beschützen, die zum Leben gehört. Sie sollten darauf vertrauen können, dass Ihre Freunde ehrlich mit Ihnen darüber sprechen, wie sie Ihr Leben sehen und einen Handlungsvorschlag machen, der Ihnen hilft, Ihren eigenen Standpunkt klarer zu erkennen. Sie sollten Sie dabei unterstützen, knapp jenseits der Grenze in Freiheit zu leben, und eine solche Freiheit ist nicht immer, oder eigentlich fast nie bequem.

11
Wenn Sie Ihr höchstes Lebensziel nicht kennen, entdecken Sie es jetzt

Ohne ein bewusstes Lebensziel ist ein Mann verloren. Er lässt sich treiben und passt sich den Ereignissen an, anstatt sie kreativ zu erschaffen. Ein Mann, der sein höchstes Lebensziel nicht kennt, lebt ein kraftloses, impotentes Leben und kann schließlich sogar sexuell impotent werden oder zu achtlosen mechanischen sexuellen Begegnungen neigen.

Ihr höchstes Ziel bildet den Kernpunkt Ihres Lebens. Alles in Ihrem Leben – von Ihrer Ernährungsweise bis zu Ihrer Karriere – muss mit diesem Ziel im Einklang stehen, wenn Sie eindeutig und ehrlich handeln wollen. Wenn Sie Ihr höchstes Ziel, Ihre tiefste Sehnsucht kennen, besteht das Geheimnis des Erfolges darin, Ihr Leben zu disziplinieren und darauf auszurichten, dieses Ziel zu erreichen und alle Ablenkungen und Umwege auf ein Minimum einzuschränken.

Wenn Sie Ihre tiefste Sehnsucht jedoch nicht kennen, können Sie Ihr Leben auch nicht auf sie ausrichten. Dann ist alles in Ihrem Leben von Ihrem innersten Kern abgeschnitten. Sie gehen zur Arbeit, die jedoch nichts mit Ihrem höchsten Ziel zu tun hat und deshalb nichts weiter ist als ein Job, eine Möglichkeit, Geld zu verdienen. Sie absolvieren Ihren Alltag mit Ihrer Familie und Ihren Freunden, aber jeder Augenblick ist nur einer von vielen, ohne tieferen Wert.

Abgeschnitten von Ihrem Kern, fühlen Sie sich schwach. Dieses leere Gefühl untergräbt nicht nur Ihr „Stehvermögen" in der Welt, sondern auch Ihr Stehvermögen bei Ihrer Partnerin.

Kennen Sie hingegen Ihr wahres Ziel, Ihr tiefstes Kernbedürfnis im Leben, wird jeder Augenblick zu einem Ausdruck Ihres tiefsten Verlangens.

Dann ist jeder Augenblick Ihrer Karriere und jeder private, intime Moment mit der Kraft Ihrer Herzensabsicht erfüllt. Ihre Arbeit und Ihre Beziehung sind keine mechanischen Verrichtungen mehr für Sie, denn Sie leben die Wahrheit Ihres Lebens und verschenken Ihre Liebe von Moment zu Moment. Ein solches Leben ist in jedem Augenblick in sich vollkommen.

Der überlegene Mann versucht nicht, in der Arbeit oder bei seiner Partnerin Erfüllung zu finden – er ist schon erfüllt. Arbeit und Liebe sind für ihn Gelegenheiten, seine Gaben zu verschenken und sich in der Glückseligkeit des Gebens aufzulösen.

12
Seien Sie bereit, alles in Ihrem Leben zu verändern

Ein Mann muss bereit sein, sein Lebensziel hundertprozentig zu verfolgen, sein Karma zu erfüllen oder aufzulösen, und dann die jeweilige Lebensform loszulassen. Er muss die Phasen ertragen können, in denen er nicht weiß, was er mit seinem Leben anfangen soll, und er muss abwarten können, bis eine neue Vision oder eine neue Zielstellung auftaucht. Dieser Wechsel zwischen Zyklen starker, zielgerichteter Aktivität und Phasen, in denen er nicht weiß, was zum Henker gerade los ist, sind für einen Mann, der sich von karmischen Schichten befreit und in die Wahrheit entspannt, etwas vollkommen Normales.

Wenn Sie sich dafür öffnen, nahe an Ihren Grenzen zu leben, wird sich Ihr tiefstes Lebensziel langsam zu erkennen geben. Schicht um Schicht werden Sie die verschiedensten Ziele erleben, jedes näher an der Fülle Ihrer tiefsten Bestimmung. Das ist, als läge Ihre tiefste Bestimmung im Zentrum Ihres Wesens, umgeben von konzentrischen Kreisen, die zunehmend geringere Ziele repräsentieren. Ihr Leben besteht nun daraus, auf dem Weg von der Peripherie ins Zentrum jeden dieser Kreise zu durchdringen.

Die äußeren Lebensziele stammen oft schon von Ihren Eltern oder wurden durch Kindheitserfahrungen geprägt. Vielleicht war Ihr Vater bei der Feuerwehr, also wollten Sie auch Feuerwehrmann werden. Oder Sie wollten rebellieren und ein Brandstifter werden. In jedem Fall sind die äußeren Kreise – also die Lebensziele, denen Sie sich oft in Ihren früheren Jahren widmen – wahrscheinlich nur Annäherungen an Ihre wahre Bestimmung.

Wenn es Ihre Bestimmung ist, zu meditieren und Gott zu erkennen, kann es sein, dass Sie sich zuerst durch die konzentrischen Kreise hindurcharbeiten und sich mit Sexualpartnern vergnügen, Drogen nehmen, heiraten, Kinder aufziehen und eine Karriere aufbauen müssen, bevor Sie schließlich die Faszination an all diesen Dingen aufgelöst haben und sich Ihrer spirituellen Praxis voll und ganz hingeben können.

Wenn Sie eine Schicht nach der anderen auflösen und sich auf das Zentrum zubewegen, werden Sie immer mehr Ihre wahre Berufung und schließlich Ihre tiefste Herzensbestimmung leben, in jedem Augenblick, was immer es sein mag. Doch es ist anzunehmen, dass Sie Ihre tiefste Bestimmung noch nicht leben. Sie müssen wahrscheinlich noch das Karma verbrennen oder das Bedürfnis erfüllen, das Sie an Ihrem derzeitigen Ziel fasziniert und ablenkt.

Es ist leicht, vom Leben enttäuscht zu sein; der Erfolg ist nie so erfüllend, wie wir denken. Aber das hat auch seinen Grund: Das gute Gefühl beim erfolgreichen Abschluss eines geringeren Zieles dauert nie lange an, weil es Sie nur darauf vorbereitet, Ihre wirkliche Bestimmung noch umfassender zu verkörpern. Jede Mission, jedes Ziel sollte so lange voll und ganz gelebt werden, bis es bedeutungslos, langweilig und nutzlos wird. Dann sollten Sie es ablegen. Das ist ein Zeichen dafür, dass Sie sich weiterentwickeln und nicht – wie Sie vielleicht glauben – dass Sie versagt haben.

Zum Beispiel stecken Sie Ihre Energie in ein Geschäftsprojekt, widmen ihm mehrere Jahre harter Arbeit und haben dann plötzlich überhaupt kein Interesse mehr daran. Sie wissen, dass Sie viel größere finanzielle Gewinne erwarten können, wenn Sie noch ein paar Jahre weitermachen und nicht so frühzeitig aufhören. Aber das Projekt spricht Sie nicht mehr an. Es interessiert Sie nicht mehr. Durch die jahrelange Arbeit haben Sie neue Fähigkeiten erworben, aber das Projekt ist noch nicht vollendet. Sie fragen sich, ob Sie jetzt, da Sie das Know-how besitzen, weitermachen und das Projekt zur Blüte bringen sollen, obwohl Ihnen die Arbeit leer vorkommt.

Vielleicht sollten Sie am Ball bleiben. Vielleicht geben Sie zu leicht auf, weil Sie sich vor dem Erfolg fürchten oder Versagensängste haben. Oder Sie sind einfach zu faul, sich weiterhin zu bemühen. Alles ist möglich. Fragen Sie Ihre männlichen Freunde, ob Sie einfach nur den Biss verloren haben, sich drücken oder Angst haben, das Projekt zu vollenden. Wenn Ihre Freunde das Gefühl haben, dass Sie sich drücken, bleiben Sie dran.

Doch es gibt auch die Möglichkeit, dass sich Ihr Karma in dem betreffenden Bereich vollendet hat. Vielleicht entsprach diese Arbeit einem Ring, einem Lebensziel, das Sie jetzt vollendet haben, und eine neue Schicht will gelebt werden, die Ihrem wahren Sinn näherkommt.

Hier einige der Zeichen, die erkennen lassen, dass Sie eine Zielschicht erfüllt oder vollendet haben:

1. Sie haben plötzlich das Interesse an einem Projekt oder einer Mission verloren, die Sie vor kurzem noch sehr stark motiviert hat.
2. Sie sind überrascht, wie wenig Sie bedauern, das Projekt einmal begonnen zu haben und es jetzt zu beenden.
3. Obwohl Sie nicht die geringste Vorstellung haben, was Sie als Nächstes tun werden, fühlen Sie sich nicht verwirrt, sondern klar und sogar erleichtert.
4. Die Aussicht, Ihr Projekt zu beenden, verleiht Ihnen neue Energie.
5. Das Projekt kommt Ihnen fast albern vor, als würden Sie Bierdeckel sammeln oder Ihr Haus mit Tankstellenquittungen tapezieren. Sicher, Sie könnten es tun – aber warum?

Wenn diese Zeichen auftauchen, ist es wahrscheinlich an der Zeit, aus dem gegenwärtigen Projekt auszusteigen. Doch Ihr Ausstieg muss makellos sein: Sie müssen sich darum kümmern, dass keine losen Fäden zurückbleiben und Sie durch das Ende Ihrer Mitarbeit nicht das Leben Ihrer Kollegen belasten. Das kann eine Weile dauern, aber es ist wichtig, diese Schicht Ihrer Lebensziele sauber zu beenden und kein neues Karma, keine neuen Verpflichtungen zu schaffen, die Sie selbst und andere in Zukunft belasten könnten.

Die nächste Schicht, das nächste Ziel bei der Entfaltung Ihrer wahren Bestimmung kann sofort klar sein. Oft ist es das jedoch nicht. Wenn Sie eine Schicht vollendet haben, kann es sein, dass Sie nicht wissen, was Sie mit Ihrem Leben anfangen sollen. Sie wissen, dass das alte Projekt für Sie beendet ist, sind sich aber nicht sicher, was als Nächstes kommt. Das ist der Punkt, an dem Sie auf eine Vision warten müssen.

Es ist nicht möglich, diesen Prozess zu beschleunigen. Es kann sein, dass Sie einen vorübergehenden Job annehmen müssen, um die Zeit zu überbrücken, bis die nächste Schicht, das nächste Lebensziel sich ankündigt. Oder Sie haben vielleicht genug Geld und können einfach warten. In beiden Fällen ist es wichtig, für die neue Vision, die den nächsten Schritt bestimmt, offen zu sein. Sie öffnen sich für eine Vision über den tieferen Sinn Ihres Lebens, indem Sie Ihre Zeit nicht mit Ablenkungen ausfüllen. Setzen Sie sich nicht vor den Fernseher. Spielen Sie keine Computerspiele. Gehen Sie nicht jeden Abend mit Ihren Freunden in die Kneipe. Verabreden Sie sich nicht mit einer Menge Frauen. Warten Sie einfach nur. Vielleicht möchten Sie an einem abgelegenen Ort in Klausur gehen und allein sein. Was immer Sie entscheiden zu tun, achten Sie bewusst darauf, offen zu bleiben und sich eine Vision über das nächste Ziel zu erhalten. Sie wird erscheinen.

Wenn sie erscheint, dann meistens nicht als ausgefeilte Vision. Sie werden wahrscheinlich ein Gefühl für die Richtung haben, in die Sie gehen sollen, aber die praktischen Schritte sind vielleicht noch nicht sehr klar. Wenn der Impuls aufzutauchen beginnt, gehen Sie aktiv auf ihn ein. Warten Sie nicht auf die Einzelheiten. Ihre Versuche und Ihre Irrtümer werden Ihnen zeigen, was Sie tun sollen.

Vielleicht waren Sie ein Börsenmakler und haben diese Schicht Ihres Lebensziels abgeschlossen. Nachdem Sie drei Wochen lang die Wände hochgegangen sind, weil Sie nicht wussten, was Sie mit Ihrem Leben anfangen sollten, beginnen Sie zu spüren, dass Sie mit anderen Menschen arbeiten wollen. Sie haben die Fantasie, Ihre Finanzkenntnisse einzusetzen, um anderen zu helfen, eine eigene Firma zu eröffnen. Sie haben ein paar Freunde, die zwar davon träumen, die Welt zu retten, aber derart lausige Geschäftsleute sind, dass sie immer in den Anfängen stecken bleiben. Diese Freunde rufen Sie an und bieten ihnen Ihre Hilfe an.

Während Sie Ihren Freunden helfen, verspüren Sie ständig die „Richtigkeit", die mit Ihrem Lebenssinn einhergeht. Sie machen vielleicht ein paar falsche Anläufe, aber bald schon wollen die verschiedensten gemeinnützigen Organisationen Ihre Unterstützung. Es sieht so aus, als stehe Ihnen das Universum auf Ihrem neuen Weg bei. Sie haben keine Ahnung, ob Sie mit dieser Arbeit Ihren Lebensunterhalt verdienen können, aber es fühlt sich im Moment richtig an. Also widmen Sie sich ihr voll und ganz. Sie bringen all Ihre Gaben ein, ohne irgendetwas zurückzuhalten.

Schon bald hört ein wohlhabender Geschäftsmann, was Sie anbieten. Er bewundert Ihren hundertprozentigen Einsatz, anderen helfen zu wollen. Er wird Ihr Förderer. Nun sitzen Sie fest im Sattel. Sie haben ein gutes Einkommen, Sie tun, was Sie wirklich tun wollen und helfen anderen. Sie lieben Ihre Arbeit, und das weckt die Liebe in allen, mit denen Sie in Kontakt kommen. Ihr Leben fühlt sich erfüllt an.

Und dann, eines Tages, ein paar Jahre später ist alles vorbei. Auch diese Schicht hat sich aufgelöst. Und der Zyklus wiederholt sich immer wieder, bis Sie alle Schichten durchdrungen haben, die sich um Ihren tiefsten Lebenssinn legen. Sie handeln aus vollem Herzen, bis auch das letzte Ziel sich in der Glückseligkeit der Liebe, die Sie *sind,* aufgelöst hat.

13
Nehmen Sie Ihre Familie nicht als Entschuldigung

Wenn ein Mann nie seine tiefste Bestimmung kennenlernt oder sie ständig übergeht und seine Familie als Ausrede nimmt, schwächt ihn das im Innersten und er verliert an Tiefe und Präsenz. Seine Frau verliert ihr Vertrauen und das Gefühl der sexuellen Polarität, selbst wenn er sich viel um seine Kinder und die Arbeit im Haushalt kümmert. Ein Mann sollte natürlich bei der Kindererziehung und der Hausarbeit seinen vollen Beitrag leisten, aber wenn er seine tiefste Bestimmung aufgibt, werden letzten Endes alle darunter leiden.

Kümmern Sie sich um Ihre Kinder und das Haus, so viel Sie wollen. Vergessen Sie nur nicht, dass Sie niemandem wirklich helfen, wenn Sie Ihre wahre Bestimmung zu lange beiseitestellen.

Als guter Vater Ihrer Kinder und verantwortungsvoller Liebespartner müssen Sie um der größeren Verpflichtung und des liebevollen Dienens willen über Ihre eigenen Vorlieben hinauswachsen. Das gehört zu Ihrer Rolle in der Familie. Sie dürfen Ihrer tiefsten Bestimmung jedoch nicht abschwören, sonst werden Sie frustriert sein und sich schließlich mit einem geringeren Leben begnügen als das, zu dem Sie fähig sind.

Ihre Resignation wird sich Ihrer Frau und Ihren Kindern mitteilen. Sie werden Ihre Schwäche spüren. Ihre Frau wird die führende Rolle stärker einnehmen, als sie eigentlich will, weil Sie offensichtlich nicht dazu in der Lage sind, und irgendjemand muss es ja tun. Ihre Kinder werden Ihre Fähigkeit, sie zu disziplinieren, auf den Prüfstand stellen, weil sie Ihren Mangel an echter Selbstdisziplin spüren. Sie können tun, was Sie wollen: Wenn Sie Ihre wahre Bestimmung ablehnen, wird Ihr Zuhause zu einem Ort, an dem jeder Ihre Fähigkeit, sich zu behaupten, prüft – und Sie werden durchfallen.

Zweifellos wollen Sie als Vater oder Hausherr Ihrer Familie all Ihre Liebe, Ihre Fähigkeiten, Ihre Energie und Ihre Zeit widmen. Es macht Ihnen Freude und es ist auch notwendig. Doch das Motiv, warum Sie sich Ihrem Haushalt widmen, muss nicht dasselbe Gewicht haben wie das Ihrer Partnerin; und das zu entdecken, sollte eine ständige Aufgabe für Sie beide sein. Im Laufe der Zeit und in den verschiedenen Lebensstadien können sich die Motive bei beiden verändern.

Für den femininen Aspekt in Mann und Frau gibt es nichts Wichtigeres als den Fluss der Liebe in der Beziehung. Für den maskulinen Aspekt in Mann und Frau ist nichts wichtiger als das Lebensziel, das in die Freiheit führt. Wahre Freiheit und wahre Liebe sind letzten Endes dasselbe. Doch die maskuline und die feminine Reise in die Einheit von Liebe und Freiheit sind sehr verschieden.

Wenn die Essenz Ihrer Partnerin femininer ist als Ihre eigene, oder wenn sie eine weiblichere Lebensphase durchmacht als Sie, ist der Fluss der Liebe in ihrem Leben das Wichtigste für sie. Die Liebe, die sie mit den Kindern teilt, wird sie im Kern ihres Wesens mehr erfüllen. Auch Sie werden erfüllt sein, wenn Sie Ihren Kindern Ihre Liebe schenken, aber wenn Sie einen maskulinen Wesenskern haben oder eine maskuline Lebensphase durchmachen, wird diese Erfüllung Sie nicht genauso im Innersten berühren. Selbst wenn Sie Ihre Kinder ebenso lieben wie Ihre Frau das tut, wird diese Beziehung Ihre Bestimmung nur teilweise erfüllen.

Was ist Ihr tiefster Lebenssinn? Für manche Männer ist der tiefste Lebenssinn die Familie. Wenn Sie zu diesen Männern gehören, fühlen Sie sich von der Frage, ob Sie Ihre Familie als Ausrede benutzen, wahrscheinlich nicht betroffen. Doch viele Männer müssen einer tieferen Bestimmung folgen, auch wenn sie ihre Familie noch so sehr lieben. Wenn sie dieser Bestimmung nicht folgen, schwächt das ihren Wesenskern, auch wenn sie ihre Familie wirklich lieben und ihr dienen wollen.

Wenn Sie in Ihrem Leben eine klare Richtung verfolgen und diese voll ausleben, dann ist Ihr Kern lebendig und stark. Ihre Kinder spüren das. Sie reagieren anders auf Ihre Entschlossenheit und Ihre Präsenz, als auf die Zwiespältigkeit, die Sie ausstrahlen, wenn Sie sich von Ihrem Lebensweg abgebracht haben, weil Sie denken, es sei „richtig" oder „fair", mehr Zeit mit Ihren Kindern zu verbringen. Weniger Zeit mit einem Vater, der wirklich präsent, liebevoll, ungeteilt anwesend und sich seiner Lebensmission sicher ist, gibt Ihren Kindern mehr, als viel Zeit mit einem Vater, dessen Absichten zwiespältig sind und der seine tiefste Bestimmung aus dem Blick verloren hat – gleichgültig, wie sehr er seine Kinder liebt.

Kinder lernen von Ihren Eltern hauptsächlich durch Osmose. Ist der Vater unterschwellig geschwächt und unklar, beeinflusst das die Art und Weise, wie sie seine Liebe erleben. Ihre Kinder werden Ihre emotionale Grundstimmung ebenso nachbilden, wie Sie das einst bei Ihrem Vater getan haben. Ihre emotionale Grundschwingung – ob Sie im Einklang mit Ihrer tiefsten Bestimmung leben oder ob die Zerrissenheit Ihrer Absichten Sie ängstlich macht – wirkt sich entscheidend auf Ihr Heim aus.

Wenn beide Elternteile arbeiten, sollten Sie sich die Kinderversorgung im Wechsel mit anderen Familien teilen oder jemanden einstellen, anstatt über Ihre tiefste Bestimmung und Ihre Wahrheit hinwegzugehen, weil Sie glauben, mehr Zeit mit Ihren Kindern verbringen zu müssen. Kinder reagieren extrem sensibel auf emotionale Zwischentöne. Wenn Sie nicht ganz in Ihrer Mitte sind, Ihr Lebensziel verfolgen und authentisch Ihren wahren Verpflichtungen nachgehen, werden Ihre Kinder das spüren.

Für Ihre Kinder, Ihre Frau und für sich selbst sollten Sie Ihre tiefste Bestimmung finden, sie aus ganzem Herzen leben und eine Möglichkeit finden, sich gleichzeitig wirklich auf Ihre Familie einzulassen. Seien Sie ganz bei Ihrer Familie, ohne faule Kompromisse. Nehmen Sie Ihre Familie nicht als Vorwand, um weniger zu sein als Sie sind. Seit es Geburtenkontrolle gibt, hat jeder Mensch die Wahl, ob er Kinder will oder nicht. Wenn Sie sich entscheiden, eine Familie zu gründen und Kinder zu haben, sollten Sie ihnen die aufrichtigste Liebe schenken, zu der Sie fähig sind. Und das können Sie nur tun, wenn Ihr Leben mit Ihrem tiefsten Lebensziel im Einklang steht.

Betrügen Sie Ihre Familie nicht um Ihren tiefsten Wesenskern und benutzen Sie sie nicht als Ausrede, um die Arbeit zu umgehen, die nötig ist, um Ihre höchste Vision zu verwirklichen. Sie können Ihre Familie lieben und gleichzeitig Ihr Lebenswerk vollbringen, wenn Sie sich dazu disziplinieren, Ihrem tiefsten Verlangen immer den Vorrang zu geben. Dann können Sie zu den Zeiten, die Sie Ihrer Familie widmen, wirklich gegenwärtig sein, weil es keine unerledigten Dinge gibt, die Sie ablenken und keine innere Zerrissenheit darüber, wo Sie sein oder was Sie tun wollen.

14
Verlieren Sie sich nicht in Aufgaben und Pflichten

Wie immer die Bestimmung eines Mannes aussehen mag, er muss das transzendente Element in seinem Leben mit regelmäßigen Meditationen und Phasen der Einkehr immer wieder neu beleben. Ein Mann sollte sich nie in den Einzelheiten seines Lebens verlieren und darüber vergessen, dass sich das Leben letztlich und wirklich immer auf die Wahrheit des gegenwärtigen Augenblicks reduziert. Keine Pflicht kann einem Mann mehr Bewusstsein und Freiheit geben, als er in diesem Augenblick schon besitzt.

Sie haben sich sicher schon einmal im „Aktivitätsmodus" ertappt. Dann sind Sie vollkommen darauf eingestellt, Ihre Aufgabe zu erledigen. Sie wollen nicht gestört werden. Wenn jemand versucht, Sie mit einer Frage zu unterbrechen, hören Sie nicht hin oder fertigen ihn mit einer schnellen Antwort ab, um bei der Sache zu bleiben. Dieser Aktivitätsmodus ist bei Männern sehr verbreitet. Ob Sie versuchen, einer Fernsehsendung zu folgen oder einen Bericht fertig zu schreiben, Ihre Aufmerksamkeit gilt der gegenwärtigen Aufgabe und nichts soll Sie davon ablenken.

Dieser „Aktivitätsmodus" ist einer der größten Stärken und der größten Schwächen des Mannes. Es ist großartig, alle Hindernisse überwinden zu können und die anstehende Arbeit oder das Projekt zu erledigen. Und es ist gut, sich zu disziplinieren und bei der Stange zu bleiben. Aber wenn Sie über den vielen kleinen Aufgaben des täglichen Lebens Ihr größeres Lebensziel vergessen, reduzieren Sie sich selbst zu einem Groschen-Automat.

Selbst jetzt, während Sie dies lesen, haben Sie vielleicht Ihren „Aktivitätsmodus" eingeschaltet und gehen völlig im Lesen auf. Wenn Sie jetzt sterben würden, welche Gefühlsqualität hätte Ihr letzter Moment? Spüren Sie das unendliche Mysterium der Existenz? Wäre Ihr letzter Moment voller Ehrfurcht und Dankbarkeit? Ist Ihr Herz so offen, dass sich Ihr letzter Atemzug in vollkommener Liebe auflösen würde? Oder sind Sie so in Ihrer Aufgabe versunken, dass Sie den nahenden Tod erst im letzten Augenblick bemerken würden – zack, das war's?

Ihre volle Gegenwärtigkeit in jedem Augenblick zeigt sich in Ihrer Fähigkeit, in Freiheit und liebevoller Hingabe zu sterben, in dem Wissen, zu Lebzeiten alles getan zu haben, was Sie konnten, um Ihr Bestes zu geben und die Wahrheit des Seins zu erfahren. Haben Sie voll und ganz geliebt? Oder tragen Sie unausgedrückte Gefühle in sich, die Ihren letzten Augenblick mit Bedauern überschatten würden? Erlauben Sie sich, immer wieder voller Ehrfurcht in das endlose Mysterium hinein zu entspannen? Oder sind Sie dermaßen von Ihrer Arbeit und Ihren Projekten vereinnahmt, dass Sie das Wunder der Existenz, die in jedem Moment aus dem großen Unkennbaren aufsteigt und wieder in ihm verschwindet, nicht länger spüren? Hat Ihre Aktivitätssucht Ihnen Scheuklappen verpasst, die Ihre Vision – auch in diesem Augenblick – einschränken?

Ihre Aufgaben sind wichtig, doch selbst der größte Berg aus erledigten Pflichten verhilft Ihnen nicht zu mehr Liebe, mehr Freiheit, einem vollem Bewusstsein. Sie können nie genug tun und auch nie genau das Richtige tun, um sich zum Schluss vollkommen zu fühlen. Es ist einfach das Wesen Ihres körperlichen Seins, etwas zu tun. Wenn Sie wollen, dass Ihr Körper am Leben bleibt, müssen Sie essen und trinken. Sie müssen arbeiten, für Ihre Familie sorgen und sich die Zähne putzen. Aber das sind einfach nur die Mechanismen des irdischen Lebens. Sie führen Sie niemals zur absoluten Wahrheit Ihres Seins.

Wenn Sie Ihre Aufgaben ordnungsgemäß erledigen, befreit das Ihre Lebensenergie und Sie können sich dem widmen, was wirklich von Bedeutung ist – der Erforschung, Verwirklichung und Verkörperung wahrer Freiheit. Wissen Sie überhaupt, was das bedeutet? Haben Sie sich der Aufgabe verschrieben, die tiefste Wahrheit Ihrer eigenen Existenz zu entdecken? Wenn Ihr jetziges Tun Ihr Leben nicht auf diese Weise unterstützt, müssen Sie es loslassen oder verändern, damit es das tut. Sie vergeuden sonst Ihr Leben.

Während viele Frauen ihre kostbare Lebenszeit in emotionalen Untiefen und Strudeln vergeuden, verschenken viele Männer ihr Leben an die Beendigung von Aufgaben. Tag für Tag, Jahr um Jahr laufen Sie im Hamsterrad und werden zu einem Roboter der Pflicht. Blicken Sie lieber auf, richten Sie Ihre Augen auf den Horizont und erledigen Sie Ihre Pflichten, als fegten Sie an einem Sonnentag den Staub aus Ihrem Haus.

Um sich zu erinnern, wie trivial Ihre täglichen Verrichtungen sind, unterbrechen Sie Ihren Tagesablauf mit kleinen Weck-Übungen. Diese Wachmacher sollten Ihre Wesenstiefe freilegen und den gegenwärtigen Moment von allem Überflüssigen reinigen. Stellen Sie sich Ihren Tod vor. Betrachten Sie das Bild eines Erleuchteten. Meditieren Sie über das Mysterium der Existenz. Entspannen Sie sich in die tiefste Liebe, zu der Sie fähig sind. Erinnern Sie sich auf Ihre eigene Weise an das Unendliche, und kehren Sie dann zu Ihrer Aufgabe zurück. Auf diese Weise können Sie nie die Perspektive verlieren und glauben, es ginge im Leben nur darum, Pflichten zu erfüllen. Sie sind kein Lastesel. Sie sind das grenzelose Mysterium der Liebe. Seien Sie es, ohne Ihre Aufgaben zu vergessen.

15 Hoffen Sie nicht darauf, dass es mit Ihrer Partnerin irgendwann leichter wird

Oft scheint eine Frau die Fähigkeit eines Mannes zu testen, unbeirrt zu seiner Wahrheit und seiner Bestimmung zu stehen. Sie prüft ihn, um seine Freiheit und die Tiefe seiner Liebe zu spüren und zu erfahren, ob er vertrauenswürdig ist. Sie testet den Mann, indem sie sich beschwert, ihn herausfordert, ihre Meinung ändert, an ihm zweifelt, ihn ablenkt oder sogar sein Lebensziel auf subtile und weniger subtile Weise untergräbt. Ein Mann sollte nie glauben, dass sie die Tests irgendwann beendet und alles leichter wird. Stattdessen sollte er anerkennen, dass sie ihn prüft, um seine Kraft, Integrität und Offenheit zu spüren. Sie sehnt sich nach seiner tiefsten Wahrheit und Liebe. Und je mehr er sich entwickelt, desto ausgefeilter werden ihre Tests.

Jeder Moment Ihres Lebens ist entweder ein Test oder ein Fest. Dasselbe gilt für jeden Moment mit Ihrer Partnerin, nur in doppeltem Maße. Schon mit ihrer bloßen Existenz stellt sie Sie auf die Probe, doch ihr größtes Vergnügen ist es, Sie innerhalb Ihrer Beziehung herauszufordern und dann festzustellen, dass Sie ihr unverrückbar standhalten.

Nichts ist für eine Frau erotischer als das Gefühl, Sie als Shiva, das göttliche Männliche, zu erleben: gelassen, voller Liebe, absolut gegenwärtig und alles durchdringend. Sie kann Ihnen keinen Dämpfer verpassen, weil Sie schon genau das sind, was Sie sind, mit ihr und ohne sie. Sie kann Sie nicht vertreiben, weil Sie ihr Herz und ihren Körper schon mit Ihrer furchtlosen Liebe durchdrungen haben. Sie kann Sie nicht vom Kurs abbringen, weil Ihre kompromisslose Verpflichtung zur Wahrheit ihren Ränkespielen standhält. Wenn sie die immense Größe Ihrer Liebe und Ihrer Freiheit spürt, kann sie Ihnen vollkommen vertrauen und ihre Prüfungen in einer Feier der Liebe aufgeben.

Bis sie Sie erneut als Shiva erleben will und ihre Prüfungen wieder beginnt. Tatsächlich wird sie Sie immer dann am meisten auf die Probe stellen, wenn Sie Shiva am ähnlichsten sind.

Vielleicht haben Sie auf ein finanzielles Ziel hingearbeitet und der Erfolg ist endlich eingetreten. Nach monate- oder jahrelangen Bemühungen haben Sie auf kreative Weise eine Menge Geld verdient. Sie sind glücklich, erfüllt und stolz auf Ihren Erfolg. Es geht Ihnen fantastisch. Sie kommen zu Ihrer Frau nach Hause und wollen diese Neuigkeit mit ihr teilen.

„Ich habe heute eine Million Dollar verdient."

„Das ist ja schön."

„Was, schön? Du weißt, wie hart ich dafür gearbeitet habe."

„Ja, ich weiß. Es kommt mir vor, als wärst du monatelang weggewesen. Hast du daran gedacht, die Milch mitzubringen?"

„Oh, tut mir leid. Habe ich vergessen. Aber was soll's – wir könnten jetzt eine ganze Molkerei kaufen."

„Ich habe dich heute Morgen dreimal daran erinnert, die Milch mitzubringen. Ich habe sogar einen Zettel in deine Aktentasche gelegt. Wir konntest du das vergessen?"

„Ich habe doch gesagt, dass es mir leidtut. Dann gehe ich jetzt eben die verdammte Milch holen ..."

Warum verhält sie sich so? Weil sie einfach nur Ihren Erfolg herunterspielen will? Nein. Sie fordert Sie heraus, weil Ihr Erfolg ihr vollkommen egal ist, solange Sie nicht frei und liebevoll sind. Und wenn Sie frei und liebevoll sind, kann Ihnen nichts, was sie sagt, den Wind aus den Segeln nehmen. Sie will spüren, dass Sie unerschütterlich sind, also bohrt sie an Ihrer schwachen Stelle herum.

Sie weiß natürlich, wie viel dieser Erfolgsmoment Ihnen bedeutet. Genau aus diesem Grund macht sie ihn herunter. Nicht, weil sie Sie verletzen will. Aber weil sie Shiva spüren will. Sie will Ihre Kraft spüren. Sie will spüren, dass Ihr Glücksgefühl weder von ihrer Reaktion abhängt, noch davon, dass Sie eine Million Dollar verdient haben. Sie will spüren, dass Sie ein freier Mann sind.

Es ist eine große Herausforderung, so frei zu sein, und in schwachen Momenten werden Sie sich wünschen, Ihre Partnerin gebe sich mit weniger zufrieden. Aber wenn Sie ein Mann sind, der auf Messers Schneide lebt, bereit, seine Grenzen zu testen und an den Schwierigkeiten zu wachsen, dann wollen Sie von ihr geprüft werden. Es gefällt Ihnen vielleicht nicht. Aber Sie wollen auch nicht, dass sie sich mit einem Schwachkopf begnügt, dessen Glücksgefühle von den Reaktionen seiner Frau abhängig sind. Wenn Sie mit Ihrem Lebensziel im Einklang stehen, sind Sie von Natur aus glücklich, selbst wenn die Umstände ständig wechseln. Sie brauchen die Streicheleinheiten Ihrer Frau nicht, um Ihre Mission zu erfüllen. Es fühlt sich natürlich gut an, von ihr gestreichelt zu werden, aber Sie brauchen keine Mama mehr, die Ihnen sagt, was für ein guter Junge Sie sind. Und Ihre Partnerin will nicht, dass Sie Ihre Mama brauchen – im Gegenteil, das ist ihr zuwider.

Wenn Ihre Partnerin schwach ist, begnügt sie sich vielleicht mit einem schwachen Mann. Dann unterstützt sie Sie in Ihrem Bedürfnis, ein guter Junge zu sein. Aber eine gute Frau, eine starke Frau wird Ihr kindisches Verlangen nach Anerkennung und mehr Spielzeug oder Ihr Bedürfnis, der Beste im Sandburgenbauen zu sein, nicht befriedigen. Eine gute Frau wird Ihre kindlichen Anteile lieben, aber sie will auch, dass sich Ihr Leben an Ihrer höchsten Wahrheit orientiert, nicht an Ihren unversorgten Kindheitswunden. Sie will spüren, dass Sie im Kern Ihres Wesens über das Bedürfnis nach Ruhm und Luxus-Spielzeugen hinausgewachsen sind. Sie will Ihre selbst generierte Kraft der Wahrheit spüren.

Deshalb wird sie Sie auf die Probe stellen. Es mag ihr nicht ganz bewusst sein, warum sie das tut, aber Sie wird Ihre Schwachstellen anpieksen – besonders in oberflächlichen Erfolgsmomenten –, um Ihre Kraft zu spüren. Wenn Sie kollabieren, sind Sie durch die Prüfung gefallen. Sie haben Ihrer Frau erlaubt, Sie umzustoßen. Sie haben ihr gezeigt, wie sehr Sie es brauchen, von anderen Bestätigung zu erhalten. Sie sind ein schwacher Mann, auch wenn Sie gerade eine Million verdient haben. Ihre Frau kann Ihnen nicht voll vertrauen.

Wenn Sie erfüllt und stark, humorvoll und glücklich bleiben, wenn Ihre Wahrheit von ihren Tests nicht angekratzt wird, haben Sie die Prüfung bestanden.

„Kein Problem, Schatz, ich werde dir deine Milch besorgen", sagen Sie, während Sie Ihre Frau packen, auf die Couch werfen, lachen, sie küssen, ihr tief in die Augen sehen und mit der zuversichtlichen Liebe Ihrer Umarmungen die „Milch" ihrer tiefsten Glücksgefühle zum Kochen bringen.

Sie kann entspannen und dem Shiva in Ihrem Wesenskern vertrauen. Sie kann die Spannungen um ihr Herz loslassen. Sie sind vertrauenswürdig. Sie brauchen ihre Bestätigung nicht, um liebevoll zu sein. Sie *sind* einfach liebevoll. Ihre innerste Wahrheit ist Liebe. Ihre Fülle ist nicht von Mama abhängig. Sie sind nicht nur ein Mann – Sie sind ein überlegener Mann: Ein Mann, der sein Bestes tut, um die Liebe, die er *ist,* in der Welt und in seiner Beziehung zu leben. Ein Mann, dessen Herz offen und dessen Wahrheit unerschüttert bleibt, selbst wenn seine Partnerin ihn kritisiert. Ein Mann, der den Tag, an dem er die Milch vergessen und eine Million Dollar verdient hat, mit Humor nehmen kann.

Das ist der Typ Mann, dem Ihre Frau vertrauen kann. Der gegenwärtige Augenblick ist zu einem Fest geworden. Jetzt kann sie loslassen und sich wirklich mit Ihnen freuen, weil sie weiß, dass Ihr Glück nicht von ihrem Lob abhängig ist. Das wird etwa zehn Minuten dauern. Und dann wird sie Sie aufs Neue prüfen.

Es hört nie auf. Es bereitet einer Frau Vergnügen, ihren Mann immer wieder zu testen: seine Stärke in der Liebe, seine Fähigkeit, über Sticheleien hinwegzugehen, sein Beharren auf der eigenen Wahrheit und seine Fähigkeit, diese Wahrheit in Liebe mit ihr zu teilen, selbst wenn sie nörgelt – *besonders* wenn sie nörgelt. Für sie sind solche Nörgeleien der erste Schritt ins Vergnügen. Sie sind keine echte Kritik, sondern nur ein Prüfstein für Ihren inneren Shiva. Und sobald Ihre

Partnerin mitten in den heftigsten Sticheleien Ihren Humor und Ihre Beglückung spürt, löst sich jede Kritik in Liebe auf.

Es hört nie auf. Das ist das Geheimnis. Sie werden ihm nie entrinnen. Nach einer anderen Frau zu suchen, ist kein Ausweg. Eine Therapie ist kein Ausweg. Finanzielle oder sexuelle Meisterschaft ist kein Ausweg. Ihre Partnerin stellt Sie auf die Probe, weil sie Sie liebt. Sie will Ihre Wahrheit spüren. Sie will Ihre Liebe spüren. Und sie will spüren, dass Ihre Wahrheit und Ihre Liebe stärker sind als die Pfeile, die sie auf Sie abschießt. Dann kann sie sich entspannen und sich der männlich-weiblichen Polarität hingeben. Sie kann Ihnen vertrauen.

Die liebevollsten Frauen sind jene, die Sie am meisten auf die Probe stellen. Sie wollen, dass Sie Ihr vollstes und prächtigstes Selbst leben. Nicht weniger als das stellt sie zufrieden. Eine solche Frau kennt Ihre Wahrheit. Sie weiß, dass Sie in der Tiefe Ihres Herzens frei sind, dass Sie Shiva sind. Alles, was dem nicht nahekommt, wird von ihr gepeinigt. Und wie Sie wissen, kann sie das sehr gut.

Ist es jedoch Ihr Lebensziel, frei zu werden, dann wollen Sie es gar nicht anders haben.

TEIL 2

Der Umgang mit Frauen

16
Frauen lügen nicht wirklich

Wort zu halten ist eine männliche Eigenschaft, bei Männern wie bei Frauen. Eine Person mit femininer Essenz steht vielleicht nicht zu ihrem Wort, sie lügt aber auch nicht direkt. In der weiblichen Realität rangieren Worte und Fakten an zweiter Stelle hinter den Gefühlen und veränderlichen Stimmungen der Beziehung. Wenn sie sagt: „Ich hasse dich" oder „Ich ziehe nie im Leben nach Texas um" oder „Ich will nicht ins Kino gehen", drückt sich darin häufig nur eine vorübergehende Stimmung aus, kein wohl überlegter Standpunkt in Bezug auf bestimmte Ereignisse und Erfahrungen. Die männliche Essenz meint, was sie sagt. Das Wort eines Mannes ist ein Ehrenwort. Die feminine Essenz sagt, was sie fühlt. Das Wort einer Frau entspricht ihrer Wahrheit im gegenwärtigen Augenblick.

Hören Sie Ihrer Partnerin zu, als lauschten Sie dem Meer oder dem Wind in den Blättern. In den Klängen, die von ihr kommen, spiegeln sich die Bewegungen ihrer Gefühlsenergie. Natürlich gibt es auch Zeiten, in denen sie im maskulinen Stil spricht und genau meint, was sie sagt, aber meistens, besonders in emotionalen Augenblicken, schwingen in allem, was sie sagt, ihre Gefühle mit. Ihre feminine Ausdrucksweise ist eine Art Poesie, kein präziser Handlungsplan. Wenn eine Frau in einem emotionalen Moment sagt, was sie tun will, meint sie damit genau das, was sie in diesem Augenblick gerne tun möchte. Fünf Minuten später können sich ihre Gefühle – und damit auch das, was sie tun wird – vollkommen verändert haben. Es kann sich alle fünf Minuten ändern.

Wenn Sie sich über die Handlungen Ihrer Frau wundern und sagen: „Aber du wolltest doch ...", dann vergessen Sie, dass sie eine feminine Essenz hat. Was Ihre Frau sagt, gleicht einer Wolke, die am Himmel vorbeizieht: wohlgeformt, sinnvoll und kurz darauf nicht wiederzuerkennen. Die Wolke ist ein Ausdruck der Physik des Wassers, des Windes und der Luft. Die Worte Ihrer Partnerin sind ein Ausdruck der Physik ihrer Gefühle, Ihrer beider Beziehung und der sichtbaren und unsichtbaren Nuancen der gegenwärtigen Situation. Einen Augenblick später werden sich all diese Faktoren – und damit auch die Worte Ihrer Partnerin – verändern.

Sie fragen sie: „Willst du ins Kino gehen?"

Und sie antwortet: „Nein, nicht wirklich."

Sie nehmen sie in den Arm, wirbeln sie herum und sagen: „Komm, wir gehen ins Kino!"

Und sie sagt: „Okay!"

Sie spricht nicht über ihren Wunsch, ins Kino zu gehen. Sie spricht darüber, wie sich Ihre Beziehung im jeweiligen Augenblick anfühlt. Es wäre ein Missverständnis, sich nach dem Nein Ihrer Frau zurückzuziehen und vor den Fernseher zu setzen. Sie meint nicht wirklich, dass sie nicht ins Kino gehen will, obwohl es sich so anhört.

So etwas ist keine Lüge. Für einen Mann oder jemanden mit einem maskulinen Ausdrucksstil gilt es als Lüge, etwas zu sagen, das nicht wahr ist. Aber für das Feminine ist die Wahrheit im Vergleich mit dem breiten Strom ihrer Gefühle nur ein schmales Rinnsal. Die „Wahrheit" der weiblichen Essenz entspricht dem, was sie wirklich fühlt, jetzt, in diesem Augenblick.

Wenn sie also sagt, sie wolle mit Ihnen nach Pittsburgh umziehen, um dann, wenn Sie das Haus verkauft haben, plötzlich zu behaupten, sie wolle nicht mit Ihnen umziehen, dann schreien Sie nicht: „Aber du hast doch gesagt ...!" Als sie sagte, sie wolle mit Ihnen umziehen, war ihr Gefühl für die Beziehung positiv. Und als sie dann sagte, sie wolle nicht mit Ihnen umziehen, war ihr Gefühl für die Beziehung negativ. Anstatt darüber zu streiten, was sie gesagt oder nicht gesagt hat, bringen Sie zuerst Liebe in Ihr Miteinander.

Die Faustregel lautet: Nehmen Sie das, was Ihre Frau sagt, nicht wortwörtlich, es sei denn, sie sagt es in einem Augenblick tiefer, frei strömender Liebe. Und selbst dann machen Sie sich klar, dass sie wahrscheinlich über ihre derzeitigen Gefühle spricht und nicht unbedingt über das angesprochene Thema. Basieren Sie Ihre Pläne nie auf dem, was Ihre Frau behauptet, tun zu wollen, solange sie nicht in einem Moment tief empfundener Liebe spricht. Und rechnen Sie damit, dass sie ihre Meinung sofort ändert, wenn sich ihre Gefühle verändern. Bedenken Sie, dass die Gefühle einer Frau sensibler auf die unsichtbaren Bereiche des Lebens reagieren können als Ihre eigenen es tun. Versuchen Sie zwischen den wechselnden Stimmungen Ihrer Frau und ihrer empfindsamen Weisheit zu unterscheiden.

Frauen lügen nicht wirklich, obwohl es Männern oft so vorkommen mag. Darum muss ein Mann letzten Endes immer seine eigenen Entscheidungen fällen, die sich an seiner tiefsten inneren Wahrheit orientieren. Weicht er hingegen von seiner Wahrheit ab, um sich an die wechselhafte Stimmungslage seiner Partnerin anzupassen, wird er sich später sehr über sie ärgern.

Hören Sie sich an, was Ihre Partnerin zu sagen hat, lassen Sie es auf sich wirken und treffen Sie dann Ihre beste Entscheidung auf der Basis Ihrer eigenen tiefsten Weisheit. Wenn Ihre Partnerin dann ihre Meinung ändert, werden Sie es ihr nicht übelnehmen, dass sie Sie auf den Holzweg geführt hat. Stattdessen können Sie ihre Sensibilität und die wechselnden Wetterlagen ihrer Gefühle genießen. Sie können fortfahren mit dem, was Sie tun, oder spontan einen neuen Kurs einschlagen, in dem Wissen, dass Sie stets die bestmögliche Wahl treffen und gleichzeitig die tiefe Weisheit Ihrer Partnerin und ihre veränderlichen Stimmungen mit einbezogen haben.

17
Zeigen Sie ihr Ihre Anerkennung

Die maskuline Essenz entwickelt sich durch Herausforderungen, die feminine durch Lob. Ein Mann muss seiner Frau offen und klar seine Wertschätzung zeigen. Loben Sie sie offen und freimütig.

Männer wachsen an Herausforderungen. In Ihrer Kindheit haben die anderen Jungen Sie herausgefordert, um Sie anzuspornen: „Ich wette, du kannst nicht über den Zaun springen!" Beim Wehrdienst wurden Sie als ein nutzloser Schwachkopf bezeichnet, und solche oder ähnliche Beleidigungen forderten Sie heraus, Ihr Bestes zu geben. Deshalb haben Sie sich als erwachsener Mann wahrscheinlich angewöhnt, Ihre Partnerin genau wie alle anderen Menschen herauszufordern, um sie anzuregen, sich zu verbessern oder zu entwickeln.

Nur die maskuline Seite Ihrer Partnerin wächst durch Herausforderungen. Die feminine Seite blüht auf, wenn sie unterstützt und gelobt wird. Mit den Worten „Ich liebe die Form deines Körpers" geben Sie ihr einen viel größeren Anreiz, sich fit zu halten, als wenn Sie sagen „Ich hoffe, du nimmst nicht mehr zu".

Jedes Lob verstärkt die Eigenschaften der Frau, die gelobt wird. „Du bist so schön, wenn du lächelst" ist viel wirksamer als „Du bist so hässlich, wenn du schmollst", obwohl beide Aussagen den Wunsch nach einem Lächeln ausdrücken. Wenn Sie mit Ihrer Frau sprechen, ist es immer klüger, das Glas halbvoll zu nennen, anstatt halbleer.

Lob ist buchstäblich Nahrung für die weiblichen Eigenschaften. Wenn Sie wollen, dass Ihre Partnerin strahlender, gesunder, glücklicher, liebevoller, schöner, kraftvoller und tiefer wird, loben Sie diese Eigenschaften an ihr. Loben Sie sie mehrmals täglich.

Das wird den meisten Männern nicht leichtfallen, aber Sie müssen lernen, besonders die Eigenschaften zu loben, die Sie nicht besonders lobenswert finden, damit sie es werden. Mit anderen Worten: Loben Sie jede winzige Eigenschaft, die größer werden soll. Wenn Sie wissen, dass Ihre Frau mehr sportliche Betätigung für ein gesünderes Leben braucht, sagen Sie ihr das nicht. Sie wird es als Beleidigung empfinden, als Ablehnung dessen, was sie ist. Sagen Sie Ihr stattdessen, wie sexy sie ist, wenn sie in ihren Sportklamotten schwitzt. Sagen Sie, wie sehr es Sie erregt, wenn sie ihren Körper bewegt. Und sagen Sie ihr häufig, was an ihr Sie wirklich mögen.

Indem Sie alles loben, was Sie wirklich an ihr mögen, wenn sie Sport treibt, unterstützen Sie Ihre Übungen. Erklären Sie Ihr hingegen, warum Sie Sport treiben sollte, dann sagen Sie damit, dass sie Ihnen so, wie sie ist, nicht recht ist. Lob funktioniert. Informationen tun das nicht. Lob motiviert. Herausforderungen tun das nicht. Versuchen Sie es. Loben Sie fünf- bis zehnmal am Tag bestimmte Dinge, die Sie an Ihrer Partnerin lieben. Finden Sie heraus, was geschieht.

18
Zu viel Toleranz führt nur zu Ärger und Vorwürfen

Ein Mann ist von seiner Partnerin genervt, wenn er zu ängstlich und schwach ist oder ihre Launen und Prüfungen nicht mit Liebe durchdringen kann. Er wünscht sich, es wäre leichter mit ihr. Aber es liegt nicht allein an ihr, wenn sie nörgelt und schimpft. Es zeigt auch, dass sie zu wenig von Ihrer Liebe durchdrungen wird. Wenn der Mann aufgibt und die selbstzerstörerischen Launen seiner Partnerin einfach hinnimmt, ist das ein Zeichen von Schwäche. Er würde am liebsten vor den Frauen und der Welt fliehen, anstatt ihnen zu dienen und ihre Liebe zu entfachen. Ein Mann sollte die nörgelnden, gehässigen Launen seiner Partnerin nicht tolerieren, sondern ihr mit all seinen Fähigkeiten standhaft dienen. Wenn sie sich trotzdem nicht der Liebe öffnen will oder kann, wird er sich vielleicht entscheiden, die Beziehung mit ihr zu beenden. Doch er tut es ohne Zorn oder Groll, weil er weiß, dass er alles getan hat, was er konnte.

Eine intime Beziehung hat damit zu tun, einander bei der persönlichen Entfaltung und in der Liebe zu dienen – hoffentlich besser, als man sich selbst dient. Warum sollten Sie sich auf Intimität einlassen, wenn Ihrem Wachstum und Ihrer Liebe mehr dadurch gedient ist, dass Sie allein sind? In der Intimität geht es um die Kunst, sich gegenseitig zu beschenken und mehr zu wachsen, als man es allein könnte.

Eines Ihrer größten Geschenke an Ihre Partnerin ist Ihre Fähigkeit, ihr das Herz zu öffnen, wenn sie verschlossen ist. Sicher, sie kann sich selbst von ihren dunklen Stimmungen befreien, aber der Donnerschlag Ihrer männlichen Liebe kann ihre Dunkelheit so erhellen, wie sie es selbst nicht kann.

Wenn Sie wie die meisten Männer sind, werden die Stimmungen Ihrer Partnerin schnell zu einer Belastung. Ihre Partnerin kommt Ihnen vor wie eine Nervensäge. Wenn sie Sie doch nur in Ruhe lassen und sich um sich selbst kümmern würde. Sie fühlen sich ausgelaugt oder frustriert. Letzten Endes beginnen Sie die Launen Ihrer Partnerin einfach zu tolerieren, während Sie innerlich immer zorniger werden. Was ist ihr Problem? Warum kann sie nicht einfach glücklich sein?

Der feminine Anteil Ihrer Partnerin öffnet sich entweder in liebevoller Hingabe (das sind die einfachen Momente), oder er verschließt sich und testet damit Ihre Fähigkeit, sie zu öffnen (das sind die schwierigen Momente). Dieser Kreislauf des Weiblichen ist wie alle Kreisläufe: Er endet nie. Je eher Sie lernen, die verschlossenen Stimmungen Ihrer Partnerin zu umarmen und mit ihnen zu tanzen, desto eher werden Sie über das Psychodrama hinauswachsen und das Spiel mit Humor sehen.

Anstatt die verschlossenen und nörglerischen Stimmungen Ihrer Partnerin zu tolerieren, sollten Sie sie mit Ihrer Liebe öffnen. Das ist Ihre Gabe. Sie zu geben, dient Ihrer beider Entwicklung mehr, als alle Stimmungen zu erdulden. Ein überlegener Mann sieht die Stimmungen seiner Partnerin nicht als Fluch, sondern als Herausforderung und Vergnügen.

Es gibt viele Möglichkeiten, kreativ mit ihren Stimmungen umzugehen und ihr zu helfen, sich zu öffnen. Kitzeln Sie sie. Ziehen Sie sich aus und tanzen Sie den Watusi. Singen Sie Opernarien für sie. Machen Sie Tiergeräusche. Brüllen Sie sie laut an und küssen Sie sie dann leidenschaftlich. Drücken Sie sich mit Ihrem Bauch an sie, bis sie dahinschmilzt. Heben Sie sie vom Boden auf und wirbeln Sie sie herum. Manchmal kann es helfen, mit ihr zu sprechen, aber Humor und greifbare Liebe sind häufiger angebracht.

Wenn Sie ohne Erfolg versucht haben, die Stimmung Ihrer Partnerin auf jede kreative, witzige und kraftvolle Weise liebevoll zu heben, dann können Sie einfach entspannen. Sie haben getan, was Sie konnten. Wenn Sie nicht geschickt genug sind, um ihr zu dienen, oder sie Ihre Gaben nicht annehmen will, sind Sie vielleicht der falsche Mann für sie.

Denken Sie einfach daran, dass jede Frau mit einer femininen Essenz täglich „ohne jeden Grund" Phasen der Verschlossenheit durchmacht. Sie können das nicht ändern, indem Sie eine andere Frau suchen oder warten, dass die Stimmungen aufhören. Sie können nur Ihre Fähigkeit entwickeln, Ihrer Partnerin zu dienen und sie zu öffnen. Es wird allerdings nie enden, selbst wenn Sie leidenschaftlich, angstfrei, liebevoll und humorvoll mit ihr umgehen. Das Wetter ändert sich ständig, Regen und Trockenheit wechseln sich ab, Tag und Nacht ziehen ihre Kreise, und Ihre Partnerin wird sich öffnen und wieder verschließen, selbst wenn ihr Leben und Ihre gemeinsame Beziehung wundervoll sind.

Wenn Sie merken, dass Sie die weiblichen Stimmungszyklen duldsam über sich ergehen lassen, weil Sie von den ewigen Diskussionen, die zu nichts führen, genug haben, können Sie sicher sein, dass Sie – und wahrscheinlich auch Ihre Partnerin – innerlich Groll ansammeln. Dulden Sie ihre Stimmungen nicht. Und sprechen Sie nicht mit ihr darüber. Werden Sie aktiv. Bringen Sie Ihre Partnerin zum Blühen. Bewegen Sie sich mit ihr. Öffnen Sie ihr Herz mit Humor. Durchdringen Sie ihre Verschlossenheit mit Ihrer furchtlosen Präsenz. Öffnen Sie ihr das Herz, immer wieder. Sie könnte es auch allein tun, aber wenn sich Ihre Partnerin allein mehr entwickelt als durch Ihre Gaben, sollte sie vielleicht nicht mit Ihnen zusammen sein.

19
Analysieren Sie Ihre Partnerin nicht

Die weiblichen Stimmungen und Meinungen sind wie das Wetter. Sie verändern sich ständig, sind heftig oder sanft und haben keine feste Quelle. Sie entziehen sich jeder Analyse. Es gibt keine lineare Kausalkette, die zum Kern des „Problems" führt. Es gibt kein Problem, nur einen Sturm, eine Brise, einen plötzlichen Wetterumschwung. Und an der Basis dieser Stürme liegen die Hoch- und Tiefdruckgebiete der Liebe.

Wenn eine Frau das tiefe Strömen der Liebe spürt, kann ihre Stimmung unvermittelt in Freude umschlagen, ungeachtet der angeblichen Ursachen.

Als Mann versuchen Sie wahrscheinlich, die Ursachen der Probleme in Ihrem Leben herauszufinden, um sie dann auszuschalten. Indem Sie an die Wurzel eines Problems vorstoßen, hoffen Sie, es für immer zu lösen. Hat Ihre Partnerin nun ein emotionales Problem, wollen Sie wissen, warum. Sie wollen wissen, was sie beunruhigt. Sie glauben, es müsste einen bestimmten Grund dafür geben. Sie wollen wissen, was ihre schlechte Stimmung verursacht hat, damit Sie das Problem lösen können.

Weil Sie Ihre Partnerin lieben, beginnen Sie ihr Fragen zu stellen, um an die Wurzel des Problems zu gelangen. „Was stimmt nicht? Habe ich etwas falsch gemacht? Weshalb weinst du? Bekommst du gerade deine Regel? Hat jemand etwas Schreckliches zu dir gesagt?"

Sie glauben fälschlicherweise, dass Sie nur die Ursache ihrer Beschwerden finden müssten, um Heilung zu erzielen. Aber so funktioniert das nicht – wahrscheinlich tragen Ihre Fragen dazu bei, die Stimmung Ihrer Partnerin zu verschlimmern.

Es ist erstaunlich: Etwa 90 Prozent der Gefühlsprobleme einer Frau rühren daher, dass sie sich nicht geliebt fühlt. Gehen Sie nicht auf Abstand, um Ihre Partnerin wie ein Arzt zu analysieren, der eine Diagnose stellt oder wie ein Therapeut, der einen Klienten befragt. Zeigen Sie ihr die Liebe, die Sie zu den Fragen motiviert hat, direkt und unmissverständlich. Gehen Sie zu ihr hin, schauen Sie ihr tief in die Augen, nehmen Sie sie in den Arm und streicheln Sie sie. Sagen Sie ihr, wie sehr Sie sie lieben, lächeln Sie, summen Sie ihr Lieblingslied und tanzen Sie mit ihr – und wahrscheinlich werden sich ihre Gefühlsprobleme völlig verflüchtigen. Vielleicht muss sie immer noch mit einem Problem zurechtkommen und Sie können ihr dabei helfen, aber die Gefühle werden in Liebe verwandelt.

Nur selten wird Ihre Partnerin durch Ihre Analysen von ihren Stimmungen befreit. Meistens werden derartige Versuche sie noch mehr verärgern. Fragen Sie sie, wenn sie sich aufregt, ob sie lieber von Ihnen geliebt oder analysiert werden will. Es ist so einfach, ihr Liebe zu geben, und in Wirklichkeit wollen Sie beide nichts anderes. Aber als Mann neigen Sie dazu, Ihre Partnerin wieder in Ordnung bringen zu wollen. Und genau das will sie *nicht*. Genau das verschlimmert die Situation in den meisten Fällen.

Wenn Ihre Partnerin wieder einmal schlechter Stimmung ist, versuchen Sie Folgendes: Gehen Sie davon aus, dass sie sich ungeliebt fühlt. Nehmen Sie es einfach an, selbst wenn es scheint, als gäbe es einen unterschwelligen Grund für ihre Verstimmung, einen Grund, den man reparieren könnte. Betrachten Sie sie als eine Blume, die Wasser braucht, und nicht als einen Motor, dessen Vergaser neu eingestellt werden muss. Tun Sie nicht, als wäre etwas nicht in Ordnung. Gehen Sie davon aus, dass sie den tiefen, klaren, beständigen und sensiblen Ausdruck Ihrer Liebe braucht.

Schauen Sie ihr voller Liebe in die Augen, berühren Sie sie zärtlich – so, wie sie es liebt, sprechen oder singen Sie von der Liebe. Finden

Sie heraus, was dann mit ihrer Stimmung passiert. Erst wenn sich die Stimmung Ihrer Partnerin in Ihrer Liebe aufgelöst hat und sie wieder glücklich und entspannt ist, können Sie über alles Weitere mit ihr sprechen.

Wenn Sie Ihre Partnerin über eine Stimmung ausfragen, in der sie sich gerade befindet, sind Sie auf dem Holzweg. Geben Sie ihr zuerst Ihre Liebe – mit Ihren Augen, mit Berührungen, Bewegungen und dem Klang Ihrer Stimme. Wenn die Liebesverbindung wiederhergestellt ist – und nur dann – können Sie herausfinden, was es sonst noch zu besprechen gibt.

20 Fordern Sie Ihre Partnerin nicht auf, ihre emotionalen Probleme selbst zu lösen

Die Aufforderung an eine Frau, ihre emotionalen Probleme selbst zu lösen, negiert ihren weiblichen Kern, der wie der Ozean aus reiner, bewegter Energie besteht. Sie kann lernen, ihre Emotionen an Gott abzugeben, sie kann lernen, ihr Herz inmitten tiefster Verschlossenheit zu öffnen, sie kann lernen, zu entspannen und sich der Liebe anzuvertrauen, aber sie wird nie etwas „beheben", indem sie ihr „Problem" analysiert.

Als Mann können Sie viel über sich lernen, indem Sie Ihre Probleme analysieren. Eine der besten Möglichkeiten, sich zu entwickeln, besteht darin, Ihre Unterscheidungsfähigkeit zu nutzen, um herauszufinden, was Ihnen unnötig Schmerz verursacht, und dann zu verändern, was verändert werden muss. Zum Beispiel könnten Sie merken, dass Sie mit Ihrer Arbeit unzufrieden sind. Sie denken darüber nach. Sie erkennen, dass Sie von Ihrem Chef ausgebeutet werden und ihm das nie gesagt haben. Also entscheiden Sie sich, das Problem anzupacken und mit ihm zu sprechen. Sie fassen sich ein Herz, gehen zu Ihrem Chef, erzählen ihm, was los ist – und das war's. Problem behoben. Fertig. Sie haben herausgefunden, wie wichtig es ist, mit Ihrem Chef zu sprechen, und gleichzeitig die alten Probleme bereinigt, die Sie belastet hatten.

Wahrscheinlich wenden Sie dasselbe System in Ihrer Beziehung an. Sie merken, dass Ihnen etwas, das Ihre Partnerin tut, nicht gefällt. Sie besprechen es vielleicht mit Ihren Freunden oder denken selbst darüber nach. Sie erkennen, dass Ihre Partnerin Sie nicht so umsorgt wie früher. Sie entscheiden, dass es Sie glücklicher machen würde, wenn Ihre Partnerin öfter für Sie kocht und Sie massiert. Dann überlegen Sie, dass Ihre Partnerin sich auch etwas von Ihnen wünschen könnte. Sie sagen Ihr, was Sie von Ihr wollen, und fragen sie: „Was kann ich für dich tun?" Sie bitten sie, darüber nachzudenken und es Ihnen zu sagen.

Ein Mann findet eine solche Frage fair, aber das ist sie nicht. Sie wird den Ansprüchen Ihrer Partnerin nicht gerecht. Warum? Weil sie sich in Wirklichkeit einen Mann wünscht, der von selbst darauf kommt. Sie wünscht sich einen Mann, der sie liebt und mit seiner Liebe begleitet, ohne ständig nachzufragen, was sie braucht.

Es ist einer der tiefsten Beziehungswünsche Ihrer Partnerin, ihrem Mann nicht immer alles erklären und vorschlagen zu müssen. Sie will sich darauf verlassen können, dass er die Dinge selbst in die Hand nimmt. Sicher, es gibt Zeiten, in denen sie Ihnen dabei helfen will, aber meistens empfindet sie es als Geschenk, wenn Sie die Richtung vorgeben, ohne ihre Vorschläge einholen zu müssen.

Sagen wir, Ihre Partnerin hat Geburtstag. Wäre es Ihr eigener Geburtstag, dann wäre Ihr Glück vollkommen, wenn Ihre Partnerin genau die Dinge tut, die Sie sich wünschen. Also glauben Sie, dass es ihr genauso geht. Sie sagen: „Herzlichen Glückwunsch zum Geburtstag! Heute darfst du bestimmen, was wir tun. Wir können überall hinfahren und alles tun, was du gerne möchtest. Und ich werde ganz für dich da sein. Was möchtest du gerne tun?"

Das ist genau das Gegenteil von dem, was sich die meisten Frauen unter einem perfekten Geburtstagsgeschenk vorstellen. Es würde ihnen viel mehr Freude bereiten, wenn Sie sagen würden: „Du hast eine halbe Stunde Zeit, um deine Taschen zu packen. Frag mich nicht, wohin wir fahren, aber wir bleiben das ganze Wochenende weg. Ich kümmere mich um alles. Du brauchst nur zu packen, den Rest kannst du mir überlassen. Ich werde dir den besten Geburtstag bieten, den du je hattest."

In ihrer Beziehung wünscht sich eine Frau nichts mehr, als loslassen und sich hingeben zu können, in dem Wissen, dass ihr Mann sich um alles kümmert (das gilt nicht für Arbeitsbeziehungen oder reine Freundschaften). Dann kann sie die Dinge einfach genießen, ohne alles selbst zu planen und ihrem Mann zu sagen, was er tun soll. Sie kann reine Energie, reine Bewegung, reine Liebe sein, ohne alle Möglichkeiten erwägen und sich für die richtige entscheiden zu müssen. Wenn ihr Mann die Verantwortung für alles übernimmt, kann sie es genießen, wirklich feminin – reine Energie – zu sein.

Wie für das Meer ist es auch für das Weibliche natürlich, voller Kraft und ohne bestimmte Richtung zu fließen. Das Männliche baut Kanäle, Deiche und Boote, um sich mit dem weiblichen Meer zu verbinden und von A nach B zu gelangen. Die feminine Essenz hingegen bewegt sich in viele Richtungen gleichzeitig. Die maskuline Essenz sucht sich ein einziges Ziel und bewegt sich darauf zu. Wie ein Schiff, das den gewaltigen Ozean überquert, entscheidet sich das Maskuline für einen bestimmten Kurs und hält die Richtung ein – die feminine Energie ist richtungslos und so immens wie der Wind und die tiefen ozeanischen Strömungen, ständig im Wandel, wundervoll, schön, zerstörerisch und gleichzeitig die Quelle des Lebens.

Dasselbe Prinzip gilt auch, wenn in Ihrer Beziehung Probleme auftauchen. Immer, wenn Sie Ihre Partnerin zwingen wollen, nicht das Meer, sondern ein Schiff zu sein, negieren Sie ihre weibliche Energie. Immer, wenn Sie mit ihr sprechen und von ihr erwarten, ihre Stimmungen und Zustände so lange zu analysieren, bis sie zu einer Lösung kommt, reden Sie auf „maskuline" Weise mit ihr. Sie kann es zwar tun, vielleicht sogar besser als Sie, aber es wird sie nicht glücklich machen.

Eine glückliche Frau ruht entspannt in Herz und Körper, sie ist kraftvoll, unvorhersagbar, tief, möglicherweise wild und zerstörerisch, oder ruhig und heiter, aber immer voller Leben, hingegeben an die endlose Kraft ihres ozeanischen Herzens, die sie leitet und bewegt. Wenn Sie von ihr verlangen, ihre Herzensgefühle zu analysieren, ist das, als würde ein Teil des Ozeans eingemauert und zu einem Schwimmbad gemacht. Es macht ihn sicher und vorhersagbar, aber auch fade und viel weniger lebendig. Die meisten Männer haben ihre

Frauen in Schwimmbäder verwandelt. Sie behandeln sie fortwährend wie Männer und sprechen mit ihnen über Gefühle, als könnten diese analysiert und damit „repariert" werden.

Vergeuden Sie Ihre Zeit nicht auf diese Weise – aber verlangen Sie vor allem nicht von Ihrer Partnerin, dass sie es tut. Das ist, als würden Sie einen Mann zwingen, Liebesromane zu lesen oder romantische Filme zu sehen. Sicher, Sie könnten es tun. Aber wahrscheinlich berührt es Ihren Kern nicht wie den ihren. Und wenn Ihre Partnerin Sie immer wieder dazu zwingen würde, würden Sie es ihr irgendwann übelnehmen. Bestünde Ihr Hauptproblem aus der Sicht Ihrer Partnerin darin, dass Sie nicht genug Seifenopern anschauen, würden Sie sie für verrückt erklären.

Viele Frauen fühlen sich von Seifenopern, Romanzen und Liebesgeschichten zutiefst berührt, weil das Strömen der Liebe in Beziehungen dem Femininen am wichtigsten ist. Das Maskuline findet seine Priorität hingegen darin, sich Ziele zu setzen und sie anzusteuern. Indem Sie Ihre Ziele und Absichten analysieren und sich neu auf sie ausrichten, können Sie viele emotionale Probleme lösen. Für das Feminine haben Ziel, Absicht und Ausrichtung keine Priorität – die Liebe ist das Wichtigste.

Frauen werden nicht frei, indem sie sich selbst analysieren. Sie werden frei, indem sie sich an die Liebe hingeben. Nicht an die Liebe ihres Partners. An ihre eigene Liebe. Sie werden frei, wenn sie sich dem unbändigen Strom der Liebe hingeben, der ihrem Kern entspringt, und wenn sie dieser Kraft in ihrem Herzen erlauben, ihre Lebensströmung zu bestimmen. Das mag auch gelegentliche Analysen mit einschließen, aber hauptsächlich braucht es tiefes Vertrauen.

Sie können Ihrer Partnerin am besten dienen, wenn Sie ihr helfen, sich hinzugeben und der Kraft der Liebe zu vertrauen, damit sie ihr Herz öffnen und die Liebe, die sie ist – und die natürlicherweise aus ihrem Glück entspringt –, sein und geben kann. SIE MUSS DAFÜR NICHT ANALYSIEREN, WAS IHRER LIEBE IM WEGE STEHT. Blockaden zu analysieren ist eine männliche Eigenart. Männer lieben es, Blockaden zu analysieren: Auf dem Fußballfeld, beim Schachspielen, an der Börse und sogar in ihrer Beziehung. Aber es ist wichtig, dass Sie als Mann

Ihre Handlungsweise nicht auf Ihre Frau projizieren.

Lassen Sie sie das Meer sein. Ermutigen Sie sie, frei wie das Meer, tief wie das Meer, wild wie das Meer und kraftvoll wie das Meer zu sein. Seien Sie so umfassend in Ihrer Liebe, so stark und beständig in Ihrer Präsenz, dass Ihre Partnerin einfach loslassen und die Grenzen, die sie ihren Gefühlen gesetzt hat, ablegen kann. Geben Sie ihren Herzensgefühlen Raum, uneingeschränkt zu fließen. Lassen Sie sie ihre grenzenlose Liebe ausdrücken. Lassen Sie sie vor lauter Liebe verrückt werden.

Die Liebe hat ihre eigene Intelligenz. Ehren Sie die Intelligenz der Liebe, indem Sie erkennen, dass Analysen der Offenheit Ihrer Partnerin normalerweise nicht dienen. Lieben Sie Ihre Partnerin mit Ihrem ganzen Körper, vielleicht, indem Sie sie mit Ihrem Bauch und Ihrer Brust an die Wand drücken, Ihre Liebe in sie pressen, mit ihr atmen, bis ihre Anspannungen weichen und sie sich an die Liebe in ihrem Herzen hingeben kann. Dann können ihre Entspannung und ihre Hingabe die Weisheit befreien, die ihrer Liebe innewohnt. Sie werden von der Tiefe ihrer weiblichen Gaben erheblich profitieren.

21
Halten Sie ihre Intensität aus – bis zu einem gewissen Punkt

Wenn eine Frau intensive Emotionen zeigt, wird ein mittelmäßiger Mann versuchen, sie zu beruhigen und alles zu besprechen, oder er wird sie so lange allein lassen, bis sie wieder „bei Sinnen" ist. Ein überlegener Mann durchdringt ihre Stimmung mit unerschütterlicher Liebe und Bewusstheit. Weigert sie sich immer noch, ganz in der Liebe zu leben, lässt er sie nach einer Weile gehen.

Wenn Sie wie die meisten Männer sind, mögen Sie die schlechten Stimmungen und intensiven Gefühle Ihrer Partnerin wahrscheinlich nicht besonders. Sie fragen sich, warum sie so kompliziert sein muss. Was ist ihr Problem? Vielleicht sagen Sie: „Beruhige dich doch und nimm es nicht so schwer." Die schlechte Stimmung einer Frau kann Ihnen so dunkel und fremd vorkommen, dass Sie sie fast etwas abstoßend finden. Und wenn Ihre Partnerin wirklich loslegt, fürchtet ein Teil in Ihnen den Schaden, den sie anrichten könnte. Ihre Gefühle sind so viel wilder und unvorhersagbarer als Ihre eigenen, dass Sie ihnen lieber aus dem Weg gehen möchten.

Im Grunde haben die meisten Männer Angst vor den weiblichen Emotionen oder sie verabscheuen sie. Deshalb versuchen Sie sie in Ordnung zu bringen oder vor ihnen zu fliehen. „Ich komme später wieder, wenn du dich wie ein normaler Mensch verhältst", sagen Sie dann vielleicht.

Einer Frau bereitet es tiefste Freude, wenn der Mann voll, aufrecht und ohne zu reagieren mitten in ihren emotionalen Stürmen verharrt. Wenn er bei ihr bleibt und sie durch alle Schichten der Wildheit bis zum Ende liebt, dann spürt sie, dass er ihr Vertrauen verdient, und sie kann sich entspannen.

Die Art und Weise, wie Sie mit dem Chaos Ihrer Partnerin umgehen, spiegelt, wie Sie auf das Chaos in der Welt reagieren. Wenn Sie ein Mann sind, der alles ordentlich in Kästchen packen muss, werden Sie versuchen, auch die Emotionen Ihrer Frau zu deckeln. Sind Sie ein Mann, der das Chaos auf seinem Dachboden oder in seinen Finanzen von anderen aufräumen lässt, dann hätten Sie es wahrscheinlich auch lieber, dass sich andere um das Chaos Ihrer Partnerin kümmern.

Doch Sie können üben, finanzielle, kreative und spirituelle Meisterschaft in der Welt zu erlangen, indem Sie lernen, dem emotionalen Chaos Ihrer Partnerin frei und liebevoll standzuhalten. Sie tun das, indem Sie nicht aufgeben, sondern so stark lieben, dass die Liebe schließlich siegt. Geben Sie nicht auf, wenn Ihnen das scheinbar nicht gelingt, sondern lernen Sie aus Ihren Fehlern und gehen Sie zurück in die Liebe. Verschenken Sie Ihre Gabe. Um Meisterschaft zu erlangen, müssen Sie mit der kraftvollen Energie Ihrer Partnerin eins werden. Sie müssen sich auf die Höhen und Tiefen des gegenwärtigen Augenblicks einlassen, vollkommen präsent wie ein Surfer auf der Welle oder ein Torero im Kampf mit dem Stier.

Der Stier wird Sie zertrampeln, die Welle wird Sie verschlingen und Ihre Partnerin wird Sie verletzen. So lernen Sie: Sie stehen wieder auf, schütteln den Staub ab, schwimmen ans Ufer und stellen sich Ihrer Partnerin aufs Neue. Sie haben die Wahl: Angst oder Meisterschaft. Sie können aufgeben, Sie können sich auf kleine Stiere und winzige Wellen beschränken, Sie können warten, bis Ihre Partnerin sich beruhigt oder sie sogar bedrohen. Oder Sie können den Moment als Herausforderung sehen, die Welt und Ihre Partnerin mit Liebe zu besiegen.

Atmen Sie tief. Spüren Sie Ihre körperliche Kraft. Bleiben Sie aufmerksam. Was immer Ihre Partnerin sagt oder tut – geben Sie ihr Liebe. Drücken Sie sie fest an Ihren Bauch. Lächeln Sie. Brüllen Sie und lecken Sie ihr dann das Gesicht. Tun Sie alles, was nötig ist, um die Schale ihrer Verschlossenheit zu knacken, füllen Sie den Riss mit Liebe und berühren Sie ihr Herz. Lernen Sie, ihren Zorn, ihre Tränen und ihre schweigsame Härte zu genießen. Die Welt wird Sie oft mit denselben Energien konfrontieren.

Das Spiel der Lebens besteht darin, sich jeder Situation zu stellen, jede Gelegenheit durch die Großartigkeit der Liebe zu verwandeln, in jedem Augenblick seine größte Gabe zu schenken und nicht an einem bestimmten Resultat zu hängen, weil man weiß, dass auf jedes Hoch ein Tief und wieder ein Hoch folgt.

Sie haben die Frauen und die Welt gemeistert, wenn Ihre Freiheit nicht länger eingeschränkt wird – weder durch den Wunsch, auszuweichen, noch durch den Wunsch, etwas Bestimmtes zu erreichen.

22
Zwingen Sie das Weibliche nicht, sich zu entscheiden

Ein Mann zieht sich aus der Verantwortung, wenn er von seiner Partnerin erwartet, dass sie stets ihre eigenen Entscheidungen trifft und für die Resultate geradesteht. Mit dieser Erwartung verweigert er ihr seine männlichen Gaben. Dann wird die Frau gezwungen, ihre männliche Seite auszuweiten. Für manche Frauen ist es gut, wenn sie lernen, ihre maskuline Entscheidungsfähigkeit zu wecken und auszuüben. Aber wenn ein Mann die Verantwortung ablehnt, seiner Partnerin die Gabe seiner männlichen Klarheit und Entschlusskraft zu geben, wird sie chronisch scharf und eckig und misstraut seiner Liebe. Sie wird sich nicht länger liebevoll an ihn hingeben, wird seinen männlichen Fähigkeiten nicht länger vertrauen, sondern selbst zu einem Mann werden.

Ihre Partnerin bittet Sie um Ihre Meinung und Sie sagen: „Mir ist alles recht, was du tun willst." Das ist die Aussage eines Freundes, nicht eines Geliebten. Freunde wollen einander fair behandeln und sich Raum und Unabhängigkeit schenken. Als Liebende sind Sie und Ihre Partnerin mehr als Freunde. Sie spielen mit der gesamten Dynamik der maskulinen und femininen Polarität. Wollen Sie, dass Ihre Partnerin eine Göttin ist und Ihnen ihre femininen Gaben schenkt? Um diese wachzurufen, müssen Sie ihr Ihre männlichen Gaben anbieten. Eine Ihrer wertvollsten Gaben ist die Fähigkeit, alle Möglichkeiten zu sehen und auf der Basis aller möglichen Resultate eine Entscheidung zu fällen.

Weibliche Entscheidungen beruhen auf einem Gefühl von Stimmigkeit, und das ist oft die beste Art, sich zu entscheiden. Doch in intimen Beziehungen geht es nicht allein darum, die beste Entscheidung zu treffen. Es geht darum, die beste Entscheidung zu treffen und gleichzeitig die Kraft der maskulin-femininen Polarität, die Sie überhaupt zueinandergeführt hat, aufrechtzuerhalten. Wenn diese Polarität abnimmt, werden mehr Konflikte auftauchen. Wenn diese Polarität verschwindet, geht auch die Anziehungskraft verloren und mit ihr die lebendige Nähe.

Sie müssen den maskulinen Pol ausspielen, wenn Sie wollen, dass Ihre Partnerin die feminine Seite übernimmt. Bei Entscheidungen Ihre eigene Sicht vorzubringen, ist eine Möglichkeit, Ihre maskuline Gabe zu geben. Sagen Sie selbst bei den alltäglichsten Entscheidungen nie: „Tu, was du willst." Wenn Ihre Partnerin Sie fragt, welche Schuhe ihr besser stehen, entscheiden Sie sich für ein Paar und sagen Sie es ihr. Antworten Sie nicht einfach: „Sie sind beide schön." Sagen Sie so etwas wie: „Die roten Schuhe gefallen mir besser, aber mir ist am wichtigsten, dass du glücklich bist." Sie hat natürlich die Freiheit, zu tragen, was sie will, aber gleichzeitig empfängt sie Ihre maskuline Gabe der Entschlossenheit.

Vielleicht versucht Ihre Partnerin, eine berufliche Entscheidung zu treffen, die langjährige Auswirkungen hat. Sie könnte ihrem Gefühl folgen und tun, was sich am besten anfühlt – das wäre die weibliche Art, sich zu entscheiden. Oder sie könnte versuchen, die möglichen Resultate aller denkbaren Entscheidungen mit einzubeziehen – das wäre die männliche Art. Als jemand mit männlicher sexueller Essenz können Sie den maskulinen Entscheidungsprozess Ihrer Partnerin ganz natürlich unterstützen. Und, was wichtiger ist: Wenn Sie nichts zu ihrem maskulinen Entscheidungsprozess beitragen, werden Sie beide von der Energie des anderen aus der Polarität geworfen. Ihre Partnerin wird auf der maskulinen Seite stehen und Sie selbst auf der neutralen. Der feminine Pol ist nicht besetzt. Das kann eine Zeit lang gutgehen, aber wenn es anhält, fühlen Sie sich bald wie Freunde und nicht länger wie Liebende. Die bestechende Anziehungskraft der Polarität wird durch zwei Kumpel ersetzt, die alle Möglichkeiten miteinander durchsprechen.

Wenn Sie sich weigern, Ihr männliches Geschenk einzubringen, indem Sie sagen: „Es ist mir eigentlich egal. Du hast die Wahl", zwingen Sie Ihre Partnerin, sich auf ihre eigenen männlichen Fähigkeiten zu verlassen. Man könnte auch sagen, sie beginnt, ihrer eigenen Männlichkeit mehr zu vertrauen als Ihnen. Sie werden bemerken, dass sie Ihnen in allem immer weniger vertraut. Sogar in der Sexualität wird sie sich nicht mehr hingeben, weil Sie Ihnen den ganzen Tag nicht vertrauen und sich nicht entspannen konnte; Sie haben ihr Ihre männliche Klarheit und Perspektive verweigert, also muss sie selbst ihren Mann stehen und selbst klar sein.

Sie können üben, Ihrer Partnerin bei ihren Entscheidungen zu helfen, indem Sie ihr stets Ihre Perspektive und Ihre Wahl vorstellen und ihr gleichzeitig Ihre Liebe versichern, ungeachtet dessen, wie sie sich entscheidet. Oft bieten ihre weiblichen Gefühle eine bessere Basis für Entscheidungen als Ihre maskuline Analyse. Ermutigen Sie sie also, sich in die Situation einzufühlen und ihren Gefühlen zu vertrauen. Aber um die Polarität und das Glück Ihrer Intimität zu wahren, sagen Sie Ihrer Partnerin immer, was Sie tun würden und warum Sie es tun würden, selbst wenn Sie glauben, dass sie sich allein entscheiden sollte.

TEIL 3

Polaritäts- und Energiearbeit

23
Sie werden unweigerlich vom Weiblichen angezogen

Maskuline Männer werden von der weiblichen Energie in all ihren Formen angezogen: von strahlenden Frauen, Bier, Musik, der Natur und so weiter. Wenn ein Mann die Tatsache, dass er sich angezogen fühlt, zu verbergen versucht, zeugt das von einer gewissen Scham in Bezug auf seinen eigenen sexuellen Kern.

Wenn Sie wie die meisten Männer sind, verbergen Sie wahrscheinlich die Tatsache, wie sehr Sie sich jeden Tag von den Frauen angezogen fühlen. Bei der Arbeit, auf der Straße und im Supermarkt sehen Sie Frauen, die Sie erregen. Manchmal würden Sie gerne Sex mit ihnen haben. Aber oft ist das Gefühl mehr wie eine erfrischende Welle, die Sie erfüllt. Eine besonders strahlende Frau zu sehen, kann Ihren Tag mit Freude füllen. Der exquisite Duft einer Frau kann Sie in ein verzaubertes Paradies entführen. Das Lächeln einer Frau kann den Augenblick in pure Seligkeit verwandeln.

Es gibt zwei Arten, mit dem täglichen „Ahhh" Ihrer Anziehung zum Weiblichen umzugehen: weise oder töricht. Um weise zu reagieren, müssen Sie verstehen, warum und von was Sie angezogen werden. Ihre sexuelle Essenz wird immer von ihrem energetischen Gegenpol angezogen. Maskuline Männer werden von femininen Frauen angezogen. Feminine Frauen werden von maskulinen Männern angezogen. Ausgeglichene Männer werden von ausgeglichenen Frauen angezogen.

Ungefähr 80% aller Männer haben eine überwiegend maskuline sexuelle Essenz. Solche Männer, zu denen Sie wahrscheinlich gehören, fühlen sich von allem Weiblichen angezogen. Nicht nur von weiblichen Frauen, sondern von allem, was von der Energie her weiblich ist, was strahlend ist, lebendig, erfrischend, entspannend und bewegend. Die weibliche Energie zieht Sie aus dem Kopf in den Körper. Musik, Bier, Natur, Frauen – all diese Dinge verkörpern weibliche Energie.

Sie fühlen sich aber nicht nur von äußerlich schönen Frauen angezogen. Wenn eine Frau ihre weibliche Energie frei und strahlend lebt, wirkt das wahrscheinlich genauso auf Sie, manchmal mehr, manchmal weniger – aber Sie fühlen sich stets angezogen, zumindest genug, um ihrer Erscheinung einen kurzen Blick zu gönnen. Diese Anziehungskraft ist nicht nur natürlich, sondern auch gesund. Sie ist ein Zeichen der Polarität, desselben natürlichen Strömens wie das Fließen der Elektrizität zwischen dem negativen und positiven Pol einer Batterie. Man muss sich dessen nicht schämen. Es ist der Grund, warum es Männer *und* Frauen gibt. Die Natur ist vom Wesen her polar – vom Magnetismus, der zwischen Nord- und Südpol strömt, bis zu der Anziehungskraft zwischen Ihrem maskulinen Kern und der femininen Ausstrahlung einer Frau.

Wenn es Ihnen unangenehm ist, von Frauen angezogen zu sein, fühlen Sie sich wahrscheinlich unwohl mit Ihrer männlichen Essenz. Wenn Sie es erniedrigend empfinden, eine Frau zum „Objekt" Ihrer polaren Anziehung zu machen, haben Sie sich wahrscheinlich von Ihrem männlichen Kern abgetrennt. Indem Sie Ihr natürliches Verlangen verurteilen und unterdrücken, haben Sie sich Ihrer männlichen Energie beraubt. Sie negieren Ihre sexuelle Essenz, anstatt sich in ihr heimisch zu fühlen.

Jede negative Einstellung, die Sie gegenüber der Anziehungskraft von Frauen hegen, ist ein Zeichen der Angst. An irgendeinem Punkt Ihres Lebensweges haben Sie gelernt, dass einen solche Anziehung „schlecht" oder „gut" ist. Die Tatsache, dass Sie sich zu den unterschiedlichsten Frauen hingezogen fühlen, ist natürlich, normal und wunderbar. Tatsächlich ist es ein Aspekt desselben Verlangens, der Sie schließlich in die spirituelle Freiheit führen wird.

Ihr Verlangen nach einer Frau ist ein Aspekt Ihres Verlangens nach beglückender Ganzheit.

Ihr Verlangen zuzugeben, bedeutet, zu Ihrem Verlangen zu stehen, das Leben zu umarmen. Das Leben zu umarmen, in die Einheit zu entspannen, sodass alle Gegensätze – auch der zwischen maskulin und feminin – in der Liebe eins werden, bedeutet, spirituell frei zu werden. Schließlich werden Sie erkennen, dass jedes Verlangen ein Aspekt Ihres natürlichen Impulses ist, Liebe zu geben. Die Anziehung, die Sie Frauen gegenüber empfinden, kann von Anfang bis Ende als essenzielle Geste Ihres Herzens gesehen werden, als Ihr Wunsch nach Liebe und Einheit.

Als Mann mit einer maskulinen sexuellen Essenz werden Sie mit jedem Menschen, der feminine Energie ausstrahlt, eine sexuelle Polarität spüren. Sie können diese Anziehung viele Male am Tag verspüren, mit vielen Frauen. Genießen Sie sie. Frauen sind ein Segen! Selbst in der nichtmenschlichen Form einer üppigen Tropeninsel, eines kalten Bieres oder Ihres Lieblingsliedes kann das Feminine den Unterschied machen zwischen öder Langeweile und atemberaubender Ekstase. Indem wir akzeptieren, dass wir uns sexuell angeregt fühlen – selbst von Musik und bestimmten Orten –, erden wir unsere Fähigkeit, körperliche Lust zu empfinden.

Sexuelle Anziehung ist allerdings nicht dasselbe wie sexuelle Vereinigung. Es macht einen großen Unterschied, ob Sie wählen, sich mit einer Frau intim einzulassen oder sich einfach nur von ihrer Energie und ihrem Strahlen anziehen zu lassen. Intimität ist eine Entscheidung zweier Menschen, die sich verpflichten wollen, einander zu lieben und zu dienen. Der Kick der Attraktion hingegen ist ein wahlfreier und natürlicher Energiefluss zwischen Ihrem maskulinen Kern und der femininen Energie, wo immer sie auftaucht. Wenn eine Frau sich in ihrem weiblichen Strahlen entspannt, ist sie wie schöne Musik oder eine warme Meeresbrise. Sie müssen keinen Sex mit ihr haben, um diese unbeschreibliche Freude zu genießen.

Wenn Sie wie die meisten Männer sind, kann eine strahlende Frau Sie stunden-, ja tagelang inspirieren. Denken Sie daran – das Verlangen, das sie in Ihnen weckt, ist ein Segen in sich. Dieses Verlangen auszuleben und der Frau zu folgen, ist etwas vollkommen anderes und hängt davon ab, ob es Ihnen beiden wirklich dient oder nicht. Aber die reine Inspiration, die Sie beim Betrachten einer strahlenden Frau verspüren, ist eine Gabe der Natur: das Geschenk des weiblichen Segens.

Wenn Ihnen das nächste Mal eine Frau begegnet, die einen Glücksschauer durch Ihren Körper jagt, entspannen Sie sich in diesem aufregenden Erlebnis. Lassen Sie die Wellen ihrer femininen Energie durch Ihren Körper strömen wie eine tiefe Massage. Atmen Sie tief, ohne die Freude zu unterdrücken, die ihr Anblick Ihnen bereitet. Atmen Sie die Freude durch Ihren ganzen Körper, bis zu den Zehenspitzen. Starren Sie die Frau nicht an, nehmen Sie keinen Kontakt zu ihr auf. Aber wenn Sie sie sehen und sich angezogen fühlen, lassen Sie zu, dass die Energie der Anziehung frei durch Ihren Körper strömt. Lernen Sie, Ihr Verlangen zu erweitern und in sich zu halten, sodass es mit seiner Kraft Ihren ganzen Körper und Ihren Atem öffnet und tiefer macht. Während Sie sie anschauen, empfangen Sie ihren Anblick als einen Segen.

24
Wählen Sie eine Frau, die Ihre polare Ergänzung ist

Ein von Natur aus sehr maskuliner Mann wird sich von einer sehr femininen Frau angezogen fühlen, die seine Energie ergänzt. Je neutraler und ausgeglichener er selbst ist, desto ausgeglichener sollte auch seine Partnerin sein. Und die Energie eines Mannes, der vom Wesen her eher feminin ist, wird durch die klare Entschlossenheit und Zielgerichtetheit einer maskulinen Frau ergänzt. Indem er seine eigenen Bedürfnisse versteht, kann ein Mann lernen, das Weibliche rundum zu akzeptieren. Zum Beispiel kann ein maskuliner Mann damit rechnen, von Frauen angetörnt und angeregt zu werden, die verhältnismäßig wild, undiszipliniert, „verrückt" und chaotisch sind, die schnell ihre Meinung ändern und „lügen". Doch aus energetischer Sicht ist eine solche Partnerin viel heilender und inspirierender für ihn, als eine eher ausgeglichene oder neutrale Frau, die stetig, vernünftig und „zuverlässig" ist und sich auf eine Weise ausdrücken kann, die er versteht.

Sie sind bestimmt schon einmal einer Frau begegnet, die Ihnen fantastisch vorkam – bis Sie eine emotionale Schrägheit an ihr entdeckten, mit der Sie nichts zu tun haben wollten. Sie kam Ihnen unglaublich sexy vor, aber auch ein wenig abgedreht oder verrückt, und sagte im einen Moment dieses und im nächsten jenes. Wahrscheinlich haben Sie auch die eine oder andere vernünftige und zuverlässige Frau getroffen, die nicht ständig ihre Meinung änderte und mit der

Sie tatsächlich gute Gespräche führen konnten, die nicht frustrierend für Sie waren. Obwohl Sie solche Frauen vielleicht sehr mögen und gerne Zeit mit ihnen verbringen, erregen sie Ihre Leidenschaft nicht so sehr wie die Frauen, deren Worten Sie nicht einen Tag lang vertrauen können, die ihren Körper jedoch auf eine Weise bewegen, die Sie ganz wild macht.

„Warum können Frauen nicht mehr wie Männer sein?“, haben sich viele Männer schon gefragt. Aber wenn Sie eine männliche Essenz haben, werden Sie natürlich genau von den Eigenschaften einer Frau sexuell erregt, die am wenigsten männlich sind. Das feminine Leuchten einer Frau, die Energie, die ihren Körper bewegt, ihre zutiefst erfrischende Spontaneität, ihr Mysterium und nicht zuletzt ihr bezauberndes Lächeln – das sind die Dinge, die Sie anziehen. Und je femininer eine Frau in ihrem Kern ist, desto weniger wird sie starke maskuline Züge aufweisen. Sie wird ihre Gedanken und Wünsche nicht klar und eindeutig aussprechen, sondern eher spontan ausdrücken, was sie im jeweiligen Augenblick fühlt.

Eine Frau mit einer feminineren Essenz kann Ihnen sagen, dass sie Sie liebt, um kurz darauf zu erklären, dass sie Sie hasst, weil Sie etwas getan haben, das Ihnen nicht einmal bewusst ist. Das ist die Schönheit des Femininen: Das männliche Netz aus Worten ist einer Frau nicht so wichtig wie die fließende Qualität der Beziehung und ihrer Gefühle. Gott sei Dank gibt es solche Frauen, die sich für ihre ozeanischen Tiefen und emotionalen Flutwellen nicht entschuldigen.

Sie werden immer von Ihrem sexuellen Gegenpol angezogen. Wenn Sie also eine eher feminine Essenz besitzen, ziehen Sie eher maskuline Frauen an. Sie haben sicher schon Paare gesehen, bei denen der Mann strahlender und lebendiger wirkte als die Frau. Sie ist ihrem Lebensziel mehr verpflichtet als der Mann. Die Beziehung ist dem Mann wichtiger, während die Frau häufig allein sein möchte. Das deutet auf eine Beziehung zwischen einem Mann mit einer eher femininen und eine Frau mit einer eher maskulinen Essenz hin.

Männer mit einer eher neutralen Essenz bevorzugen Frauen, die ebenfalls neutraler sind, weder besonders maskulin noch besonders feminin. Solche Partner können über alles sprechen, und das tun sie auch gerne. Sie haben dieselben Freunde, dieselben Hobbys, sogar dieselben Karriereziele. Obwohl sie sich genauso stark lieben, erleben solche Paare meist nicht dieselbe sexuelle Leidenschaft wie stark polarisierte Paare. Es wäre ungewöhnlich, ein solches neutrales oder ausgeglichenes Paar dabei zu erleben, wie sie sich anschreien, mit Kissen bewerfen, auf dem Boden miteinander ringen und gleich darauf leidenschaftlich Liebe machen.

Weil Sie es nicht besser wussten, haben Sie sich und Ihre Partnerin vielleicht aus der Polarität hinaus in eine Partnerschaft manövriert, die Ihnen neutral vorkommt, doch das ist sie nicht. Nur etwa 10% der Paare sind von der Essenz her neutral oder ausgeglichen. Weitere 10 % bestehen aus einem femininen Mann und einer maskulinen Frau. Doch wenn Sie zu den restlichen 80% gehören, haben Sie eine maskuline sexuelle Essenz und Ihre Partnerin eine feminine. Das heißt, durch ihre feminine Art neigt sie eher dazu, Sie zu frustrieren, verrückt zu machen, zu inspirieren oder zu erregen, als wenn sie Ihr sexuell neutraler Kumpel wäre.

Diese falsche Neutralisierung oder Entpolarisierung ist einer der Hauptgründe, warum Paare sich trennen. Die verjüngende Energieladung der sexuellen Liebe schwächt sich ab, während all die Dinge, die Sie und Ihre Partnerin nerven, genauso stark bleiben wie zuvor. Das Geheimnis liegt darin, nicht zu versuchen, die irritierende feminine Art Ihrer Partnerin zu verändern, sondern ihr zu helfen, die Tiefe und die verjüngende Kraft ihrer weiblichen Segnungen zu kultivieren.

Wenn Sie wie die meisten Männer sind, haben Sie wahrscheinlich keine Wertschätzung für das volle weibliche Energiespektrum Ihrer Partnerin, weil Sie sich den Anteilen gegenüber, die Sie am meisten irritieren, blind stellen. Beispielsweise treibt sie Sie nicht länger in den Wahnsinn, weil Sie gelernt haben, Sie nicht mehr so ernst zu nehmen. Vielleicht haben Sie auch gelernt, aufmerksam zu erscheinen, während Sie ihrem endlosen Geplauder nicht wirklich zuhören. Oder Sie haben gelernt, ihr täglich eine Portion Zuneigung zu geben, um ihr ständiges Bedürfnis nach Intimität – mehr, als Sie ihr geben wollen – abzuwiegeln.

Das ist der falsche Ansatz. Das Feminine ist eine endlose Quelle der Liebe, der Inspiration und der Kraft, physisch und spirituell. Feminine Frauen sind mit den Naturelementen auf eine Weise verbunden, die ein eher maskuliner Mensch wie Sie wahrscheinlich nicht kennt. Feminine Frauen können aus der Sicht des Mannes wild, nicht vertrauenswürdig, sogar unverantwortlich scheinen, aber sie haben einfach nicht das männliche Bedürfnis, in einer von Vernunft und Kontrolle regierten Welt zu leben.

Feminine Frauen sind frei, die Ströme des natürlichen Lebens zu fühlen, die Sie nicht spüren können. Sie sind frei, sich von Energieströmen leiten zu lassen, die Männern meist gar nicht bewusst sind. Sie sind frei, ihren Körpern zu erlauben, offen für die Gezeiten ihres Herzens zu sein, ohne von Zielen und Strukturen kontrolliert oder geleitet zu werden. Der weibliche Körper ist frei, von der Liebe und dem Leben bewegt zu werden. Die meisten Männer schätzen das sehr: Eine Frau anzusehen, die ihre körperliche Ekstase frei zum Ausdruck bringt, gehört zu den beeindruckendsten Anblicken, die die meisten Männer je erlebt haben.

Männer bezahlen sogar dafür, den Körper einer Frau in Ekstase zu sehen, selbst wenn sie es nur vortäuscht, wie in einem Pornofilm. In unserer säkularen Kultur kennen die meisten Männer nur die sexuelle Ekstase und zahlen deshalb in der ganzen Welt dafür, diese Form des freien körperlichen Ausdrucks in Filmen, auf der Bühne und in privaten Räumen zu sehen. Dagegen wird in Kulturen, die ein größeres Maß an spirituellem Ausdruck erlauben, der weibliche Körper zwar mit derselben männlichen Ehrfurcht betrachtet, doch geht es dabei nicht allein um die weibliche Fähigkeit, sexuelle Ekstase auf eine Art auszudrücken, die fremd und unglaublich anziehend auf Männer wirkt, sondern auch um die Fähigkeit der Frau, spirituelle Ekstase auszudrücken.

Die Tempeltänzerinnen Indiens zum Beispiel sind traditionsgemäß Frauen, die von Kindheit an gelernt haben, tänzerische Fähigkeiten mit tief empfundener Hingabe zu einem Tanzstil zu vereinen, in dem sich ihr Körper einer göttliche Kraft öffnet, deren Ausdruck viele Männer zu Tränen rührt und der ihnen das Herz öffnet. Eine Frau, die sich mit ihrer femininen Essenz wohlfühlt, ist eins mit ihrer Energie, ob sexuell oder spirituell. Für eine solche Frau gibt es keine Trennung zwischen dem Sexuellen und dem Spirituellen. Im Austausch mit einem Mann, der ihrer würdig ist, sind ihre sexuelle und ihre spirituelle Hingabe dasselbe. Sie öffnet sich von Kopf bis Fuß, um die göttliche Liebeskraft tief in ihrem Körper zu empfangen und sich von den Wellen und Fluten ihres endlosen Strömens mitreißen zu lassen.

Frauen, die eher maskulin oder neutral veranlagt sind, erlauben ihrem Körper kaum eine derartige Ausdrucksfreiheit. Doch es ist der weibliche Ausdruck dieser Art von Ekstase, der einen Mann einlädt, seine kopflastige Welt der Gedanken und Ziele hinter sich zu lassen und den gegenwärtigen Augenblick zu feiern, im Fleisch, mit dem Körper, durch das Herz. Ob in Peepshows oder in heiligen Tempeln – seit Tausenden von Jahren fühlen sich die Männer davon angezogen, die weibliche Verkörperung der Ekstase zu beobachten. Die Frauen werden bei solchen Gelegenheiten buchstäblich angebetet. Männer schreien der Göttin auf eine Weise ihr Lob, wie sie es in der Öffentlichkeit niemals tun würden. Der vollste Augenblick dieser Art ist vollkommen sexuell und vollkommen spirituell zugleich. Haben sie einem solchen Ereignis beigewohnt, fühlen sich die Männer von der segnenden Kraft dieser freien femininen Verkörperung verwandelt und inspiriert. Sie ist eines der einzigartigen Geschenke der femininen Form, der Frau.

Bei einer Frau mit femininer sexueller Essenz erhalten Sie genau das: Eine Frau, die all ihre Emotionen frei auslebt. Eine Frau, die mit Sicherheit ihre Meinung ändert. Eine Frau, die so viel sensibler als Sie auf den subtilen Energiefluss in Ihrer Beziehung reagiert. Eine Frau, die Ihnen mit der sexuellen und spirituellen Ekstase, die ihr Körper so frei und wunderbar ausdrückt, Entzücken und Ehrfurcht beschert.

Es kommt alles in einem Paket. Sie können keine Frau bekommen, die immer logisch, zuverlässig, vernünftig und pünktlich ist, und gleichzeitig Ihr Herz und Ihr Fleisch mit Energie erfüllt, jetzt und den ganzen Tag, durch den körperlichen Ausdruck ihrer Liebe und Ekstase. Sie kann die männliche Energie der Vernunft abrufen, wenn sie sie braucht, aber wenn sie im Kern feminin ist, wird sie meistens lieber tanzen – vor Hass, Wut oder beglückender Freude, ohne jegliche Ursache.

Wählen Sie also eine Frau, die Ihre polare Ergänzung und Entsprechung ist – für die meisten Männer ist das eine feminine Frau. Nur eine feminine Frau kann Ihnen die Gaben schenken, die Sie als maskuliner Mann brauchen. Doch Sie bekommen diese Gaben nicht ohne das relative Chaos und die emotionalen Wetterlagen, die die meisten Männer fürchten. Machen Sie sich klar, dass dies Aspekte derselben Energie sind, die Sie so anregt. Tatsächlich können Sie lernen, von ihren zornigen Ausbrüchen ebenso angetörnt zu sein wie von ihrem geschmeidigen Schnurren. Diese Fähigkeit ist eine Ihrer größten Gaben an Ihre Partnerin. Sie können lernen, frei und stark dazustehen, ganz gleich, welche Emotionen sie zur Schau stellt. Sie werden nicht weggehen, sich nicht abwenden oder sich voller Ekel distanzieren. Sie können ihrer gewaltigen Energie begegnen und voll präsent bleiben. Sie können sie durch den Sturm hindurch lieben und ihre gesamte feminine Macht umarmen, das Dunkle und das Helle.

Sie werden in der Intimität nur glücklich werden, wenn Sie sich eine Frau erwählen, die Ihre sexuelle Entsprechung verkörpert. Und Sie werden eine solche Intimität nur überleben, wenn Sie ihre dunklen und ihre hellen Seiten gleichermaßen umarmen können. Es braucht Zeit, diese Fähigkeiten und Stärken zu entwickeln, aber wenn Sie es tun, bieten Sie Ihrer Partnerin – und der Welt – einen Mann, der seine Gaben nicht aus Furcht vor der Macht und dem Chaos des Femininen aufs Spiel setzt.

25
Erkennen Sie, was an Ihrer Frau wichtig ist

Das Feminine ist die Lebenskraft. Je maskuliner ein Mann ist, desto wichtiger wird ihm die feminine Energie seiner Frau (im Vergleich mit ihren anderen Eigenschaften).

Wenn Sie eine Geschäftspartnerin suchen, wünschen Sie sich wahrscheinlich bestimmte Qualitäten: Sie sollte geschäftstüchtig und zuverlässig sein und Schwierigkeiten durchstehen können, um ein Ziel zu erreichen. Wenn Sie eine Freundin suchen, wünschen Sie sich von ihr wahrscheinlich Ehrlichkeit, Mitgefühl, Humor und Achtung. Wenn Sie eine Liebespartnerin suchen, wünschen Sie sich wahrscheinlich eine Frau, die feminine Energie und Liebe frei verkörpert und ausdrückt.

Je intensiver Sie eine Frau suchen, die Ihnen alles gibt, desto weniger werden Sie von allem bekommen. Geschäftstüchtigkeit ist hauptsächlich eine maskuline Fähigkeit (bei Männern wie bei Frauen). Reine Freundschaft ist eine neutrale, nicht sexuelle Beziehungsform. Und sexuelle Leidenschaft verlangt eine klare Polarität zwischen Ihrem maskulinen Kern und der femininen Energie Ihrer Partnerin. Wenn Sie den eigentlichen Zweck Ihrer Beziehung nicht in den Mittelpunkt stellen, heben sich diese verschiedenen Energien gegenseitig auf und Ihnen bleibt nur eine sexuell neutrale Verbindung.

Sie können viele Aspekte der Intimität miteinander teilen: Geschäft, Freundschaft, Elternschaft und sexuelle Leidenschaft –, doch Sie müssen eine von ihnen zur Priorität machen und erlauben, dass sich die restlichen Aktivitäten an diesen Hauptgrund Ihrer Beziehung anpassen. Ist Ihnen nicht klar, was Ihnen am wichtigsten ist, wird jeder Aspekt mit den anderen kollidieren. Ihre Partnerin will Zuneigung, wenn Sie Ihren Job erledigen wollen. Sie will von ihrem Tag erzählen, wenn Sie Sex haben wollen. Also beginnen Sie beide, Ihre wahren Wünsche zu verleugnen und Ihre Beziehung auf eine praktische, aber mittelmäßige Partnerschaft zu reduzieren.

Dann beginnen die sexuelle Polarität und die Anziehungskraft mit der Zeit zu schwinden. Sie werden anderen Frauen hinterhersehen und sie als verlockenden Jungbrunnen betrachten – dieselbe Verlockung, die Sie in Ihrer Beziehung ausradiert haben, indem Sie von Ihrer Partnerin verlangten, alles gleichzeitig für Sie zu sein: erst die Geschäftspartnerin, dann die Freundin, später die Mutter und schließlich Ihre Geliebte. Irgendwann gehen die tiefen Geschenke, die Sie zusammengebracht haben, in der Ambivalenz Ihrer Partnerschaft verloren.

Zu anderen Zeiten und in anderen Kulturen hätten Sie vielleicht viele verschiedene enge Beziehungen gehabt, jede mit einem anderen Zweck. Jede Partnerin hätte andere Fähigkeiten, Funktionen und sexuelle Energien zu dem Ganzen beigetragen. In unserer modernen Welt ist die Polygamie keine wirkliche Option. Aus sozialen und psychologischen Gründen wollen sich die meisten Männer und Frauen heute in ihren Intimbeziehungen auf einen festen Partner beschränken. Doch wenn Sie wie die Mehrheit der Männer sind, haben Sie sicher schon von der Möglichkeit geträumt, mehrere Ehefrauen oder wenigstens ein, zwei Geliebte zu haben, jede für einen anderen Bereich.

Weil Sie von Ihrer intimen Beziehung erwarten, dass sie so viele Zwecke erfüllt, tendiert sie zum rein Nützlichen. Indem Sie ständig mit Ihrer Partnerin über Geldangelegenheiten, Arbeit, Haushalt und Kinder sprechen, machen Sie sie zu einer neutralen Gefährtin. Sie sind sich so vertraut geworden, dass das Mysterium der sexuellen Verzauberung in einem mechanischen Standardritual des Küssens, Streichelns, Leckens, Stoßens, Abspritzens und Schnarchens verloren geht. Sie beginnen, sich nach der Tiefe des Verlangens zu sehnen, das Sie einst mit Ihrer Frau empfanden. Das Mysterium wird durch Häuslichkeit und das leidenschaftliche Spielen durch Gespräche ersetzt.

Wenn Sie jedoch eine starke maskuline Essenz besitzen, brauchen Sie die Kraft der starken femininen Energie zur ständigen Erfrischung, oder Sie fühlen sich bald erschöpft und der Last des Lebens überdrüssig. Dann suchen Sie diese verjüngende feminine Energie vielleicht in ein paar Bieren, ein paar Golfrunden oder ein paar Pornoheften. Oder Sie ziehen lange Massagen und Spaziergänge am Strand vor. Obwohl diese und viele andere Dinge Sie zeitweilig entspannen und zum Lächeln bringen können, werden nur wenige Ihren Körper und Ihr Herz so tief erregen wie die kompromisslose Kraft der weiblichen Sexualität, die Ihre strahlend verliebte Partnerin Ihnen schenkt.

Nur Sie können entscheiden, was Ihnen an Ihrer Beziehung wichtig ist. Nur Sie können für sich abklären, welchem Zweck Ihre Intimität dienen soll. Sollten Sie allerdings entscheiden, dass Ihre intime Beziehung dem leidenschaftlichen Geben der Liebe, der verjüngenden Heilung durch die sexuelle Energie und – aufgrund Ihrer gemeinsamen Verpflichtung für das spirituelle Erwachen – der Kultivierung des Herzens dienen soll, seien Sie vorsichtig! Zwingen Sie Ihre Partnerin nicht, Ihre allzeit verfügbare Steuerberaterin zu sein. Erwarten Sie nicht von ihr, Ihnen bei all Ihren finanziellen Problemen zu helfen. Stellen Sie die täglichen Pflichten nicht in den Vordergrund, um darüber den körperlichen Austausch der Liebe tagelang zu vergessen. Reduzieren Sie die Fülle ihrer femininen Energie nicht auf rein funktionelle Rollen. Ihre Partnerin hat die Fähigkeit, Ihr Herz zu erwecken und Ihren Körper mit Leben zu füllen. Sie müssen Ihr allerdings die Gelegenheit dazu geben, ebenso wie die Fülle Ihrer maskulinen Liebesgabe.

Wenn Sie wollen, dass Ihre Partnerin Ihre sexuelle Gefährtin und nicht nur Ihre Hausgenossin ist, müssen Sie Ihre häuslichen Angelegenheiten und Ihren Lebensunterhalt klug planen, damit die lebendige Kraft Ihrer Verbindung nicht gemindert wird. Ihre Intimpartnerin kann durchaus die Mutter Ihrer Kinder und Ihre Geschäftspartnerin sein, solange diese Funktionen nicht mit Ihrem wichtigsten Ziel kollidieren: mit Ihrer unerschütterlichen Hingabe an die Liebe der gegenseitigen Erleuchtung zu dienen und den Wesenskern des anderen durch den körperlichen Austausch der Liebe auf der Basis der sexuellen Polarität zu beleben.

Wenn sich diese beiden Aspekte Ihrer Liebe – das spirituelle Erwachen und der sexuelle Austausch – durch Ihre Alltagspflichten verringern, werden Sie sich beide anderweitig nach täglicher Erfrischung und Erfüllung umsehen. Dann suchen Sie die feminine Energie in Form eines Sechserpacks Bier oder einer Geliebten, und Ihre Partnerin sucht die maskuline Energie in einem sozialen Engagement oder einer maskulin geprägten Karriere. Ihre Beziehung wird auf eine wohlmeinende häusliche Partnerschaft reduziert. Vielleicht ist das genau das, was Sie sich wünschen. Oder auch nicht. In jedem Fall sollten Sie wissen, was Ihnen wichtig ist und welchem Zweck Ihre Intimität dienen soll. Dann müssen Sie alle anderen Aktivitäten auf diese zentrale Priorität abstimmen, um Ihre Intimität zu erhalten und die Kraft, die sie Ihnen beiden schenkt, zu verstärken.

26
Sie werden sich oft mehr als eine Frau wünschen

Jeder Mann mit einer maskulinen Essenz wünscht sich sexuelle Vielfalt. Selbst wenn er seine intime Partnerin liebt und ihr vollkommen ergeben ist, wünscht er sich von Natur aus sexuelle Begegnungen mit anderen Frauen neben seiner festen Intimpartnerin. Wie ein Mann mit diesem Verlangen nach anderen Frauen umgeht, ist seine Sache. Er sollte jedoch wissen, dass es nicht möglich ist, solche Wünsche zu vermeiden. Außerdem sollte er wissen, dass das Ausleben solcher Wünsche sein Leben oft komplizierter macht, als es die Sache wert war.

Selbst wenn Sie Ihrer Liebespartnerin vollkommen ergeben sind, denken Sie wahrscheinlich daran, mit anderen Frauen Sex zu haben. Obwohl die sexuellen Begegnungen mit Ihrer Partnerin Sie vollkommen erfüllen, hätten Sie manchmal gerne Sex mit anderen Frauen. Ihr Verlangen nach anderen Frauen ist kein Zeichen für einen Mangel in Ihrer Intimität, sondern ein Spiegel Ihres maskulinen sexuellen Wesenskerns.

Aber dieses Verlangen ist keine Entschuldigung für sexuelle Promiskuität, ebenso, wie Ihre Freude am Fernsehen keine Entschuldigung dafür ist, zu einem verfetteten Dauerglotzer zu werden. Dieses Verlangen entspringt verschiedenen Ursachen wie Ihrem Suchtpotenzial, Ihrem biologischen Erbe, Ihrer Kindheitskonditionierung und der Offenheit Ihres Herzens. Um ein Leben in vollkommener Integrität zu führen, müssen Sie zwischen den Quellen Ihres Verlangens unterscheiden, damit Sie wissen, wann Sie sich im Interesse aller – auch Ihrer selbst – disziplinieren sollten.

Tatsache ist, dass Sie wahrscheinlich Sex mit anderen Frauen neben Ihrer festen Intimpartnerin haben wollen. Wie Sie mit dieser Tatsache umgehen, zeigt, was für eine Einstellung Sie zu Ihrem Lebensziel haben. Wenn Ihr Ziel darin besteht, alle körperlichen Freuden zu genießen, ohne auf die Konsequenzen zu achten, dann sollten Sie so viele Frauen wie möglich vögeln. Ist es Ihr Ziel, ein lieber Junge zu sein und „Mami" zu gefallen, sollten Sie tun, was Ihre Partnerin glücklich macht. Ist es Ihr Ziel, sich selbst und andere in Liebe und Freiheit zu entfalten, dann sollten Sie tun, was immer die Liebe und die Freiheit in Ihrem eigenen Leben und dem Leben der Menschen, die von Ihren Handlungen betroffen sind, erweitert.

Sie haben die Wahl. Vergessen Sie nicht: Selbstdisziplin ist nicht dasselbe wie Selbstunterdrückung. Unterdrückung heißt, gegen Ihre Begierden anzukämpfen und sie so gut wie möglich zu vergraben und am Ausdruck zu hindern. Selbstdisziplin heißt, dass Ihr höchstes Verlangen Ihre weniger wichtigen Begierden beherrscht, nicht durch Macht und Widerstand, sondern durch liebevolle Handlungen, die in Verständnis und Mitgefühl wurzeln.

Es ist Ihre Angelegenheit, mit wie vielen Frauen Sie Sex haben. Bevor Sie aber daran denken, sich mit mehreren Frauen einzulassen, wäre es klug, Ihre Fähigkeiten zuerst mit einer einzigen zu prüfen. Wenn Sie schon mit einer nicht klarkommen – wenn tiefe Begegnung, verjüngende Leidenschaft und spirituelles Glück nicht zu den Hauptmerkmalen Ihrer gegenwärtigen Intimität gehören –, haben Sie die Prüfung nicht bestanden. Dann wäre es besser, wenn Sie Ihr Verlangen nach anderen Partnerinnen disziplinieren, da sonst wahrscheinlich keinem gedient ist.

27
Junge Frauen bieten Ihnen eine ganz besondere Energie

Die Jugend verleiht den Frauen im Allgemeinen eine strahlende, ungebremste und erfrischend feminine Energie. Eine junge Frau ist meistens nicht so stark von den maskulinen Schutzschichten eingeschränkt, die im Laufe der Jahre aufgebaut werden. Traditionell gesehen bieten junge Frauen einem Mann eine bestimmte, verjüngende Energiequalität. Ältere Frauen können diese frische Energiequalität aufrechterhalten und sogar verstärken, aber das ist selten.

Stellen Sie sich vor, Sie fahren Ihre 18-jährige Babysitterin abends nach Hause. Sie ist so frisch, so unschuldig, so lebendig. Sie können spüren, dass sie total offen für Sie ist. Sie erwägen alle Konsequenzen. Sie betrachten ihre strahlende Haut, ihre klaren Augen, ihr unglaubliches Lächeln. Ihre Art, sich zu bewegen, zu sprechen und zu lachen, macht Sie glücklich und erfüllt Sie mit Energie. Sie erreichen ihre Wohnung. Sie sagt „Gute Nacht“, steigt aus dem Wagen und geht ins Haus. Sie sitzen einen Moment in Ihrem Wagen, atmen tief und langsam durch und lächeln.

Die Gegenwart einer jungen Frau hat etwas Besonderes und alle Männer mit einer maskulinen Essenz spüren das. Sie fühlen sich durch sie verjüngt. Allein schon die Tatsache, neben einer jungen Frau zu sitzen, kann Sie beglücken und mit Lebenskraft füllen. Sie mögen nichts gemeinsam haben, aber das macht nichts. Ihre Energie entzückt und inspiriert Sie. Eindeutige, jugendlich-feminine Energie regt Sie an und öffnet Ihnen das Herz. Sie fühlen sich jünger, wenn junge Frauen um Sie sind. Sie fühlen sich energiegeladen, lebendig und liebevoll. Wenn Frauen älter werden, übernehmen sie in unserer Kultur mehr männliche Aufgaben und Verantwortungen, und ihr Strahlen nimmt ab. In anderen Kulturen ist das weniger der Fall. Dort erhalten und vertiefen die Frauen sogar ihr Strahlen. Aber selbst in diesen Kulturen mit mehr Weisheit ist bekannt, dass junge Frauen eine spezielle Energie ausstrahlen, die frisch, eindeutig und belebend ist.

Unsere Kultur sieht diese jugendliche Energie ausschließlich als etwas Sexuelles, doch in Wirklichkeit wird die Energie durch den gesamten Körper geleitet und wirkt sich genauso oder sogar stärker auf das Herz aus als auf die Genitalien. In anderen Kulturen wurden junge Frauen für ihre Gabe geehrt, spirituelle Verjüngung zu schenken. Sie dienten an heiligen Orten und übten heilige Handlungen aus, und Männer betrachteten sie nicht nur, um einen sexuellen Kitzel zu erleben. Als Mann tragen Sie die Verantwortung, diese herzerfrischende Gabe einer jungen Frau zu achten, ohne ihre Ehre dadurch zu verletzen, dass Sie ihr Ihre sexuellen Begierden aufdrängen.

Wenn sexuelle Wünsche auftauchen, ist das in Ordnung. Lassen Sie sie durch Ihren Körper kreisen. Lernen Sie, Ihr Verlangen größer werden zu lassen, ohne es mit einer Entladung abzuwerfen. Um sexuelle Meisterschaft zu erlangen, ist es wichtig, zu lernen, immer mehr Lust und Verlangen in Ihrem Körper zu halten, ohne diese Kraft loswerden zu müssen, weil sie Ihnen zu viel ist.

Wenn Sie sich von einer jungen Frau wirklich belebt fühlen, atmen Sie ihren Duft ein. Atmen Sie ihre Energie ein. Entspannen Sie Ihren Körper und erlauben Sie Ihrem Herzen, sich in ihrer Gegenwart zu öffnen. Nehmen Sie ihre Schönheit mit jeder Pore Ihres Körpers in sich auf. Lassen Sie Liebe aus Ihrem Herzen zu ihr hinströmen. Wahren Sie respektvoll die Form, sodass die junge Frau sich frei fühlen kann, ihre Gabe zu verströmen, ohne die Komplikationen zu erleiden, die von Ihren persönlichen Plänen ausgehen. Nutzen Sie die Energie, die Sie von ihr erhalten haben, für Ihren Dienst an anderen. Geben Sie das Geschenk der erhöhten Lebendigkeit und des leidenschaftlichen Herzens in all Ihren Beziehungen weiter, sodass alle Menschen an dem Entzücken teilhaben können, das Sie von dieser jungen Frau empfangen haben, die im Augenblick die jugendlichen Gaben des kompromisslosen Strahlens und der frei strömenden Lebenskraft verkörpert.

Jede Frau hat eine „Temperatur“, die Sie heilen oder irritieren kann

Manche Frauen sind heißer, andere kühler. Blonde, hellhäutige und japanische Frauen sind im Allgemeinen kühler, während dunkelhäutige, brünette, rothaarige, koreanische und polynesische Frauen heißer sind. Auch ein Mann, der sich für eine feste Intimbeziehung mit einer einzigen Frau entschieden hat, kann mit der Zeit das Bedürfnis nach einer anders temperierten femininen Energie entwickeln. Eine heißblütige Frau, die vor Jahren seine Leidenschaft weckte, kann ihm jetzt auf die Nerven gehen. Und eine kühlere Frau, die ihm einst sanft das Herz erfrischte, könnte ihn jetzt anöden. Wenn er versteht, wie die verschiedenen Temperamente femininer Energie auf ihn wirken, kann er klarere Lebensentscheidungen treffen, ohne verwirrt zu sein.

Sie haben wahrscheinlich einen bestimmten „Geschmack“, was die Frauen angeht. Vielleicht bevorzugen Sie Blondinen. Oder Asiatinnen. Oder Sie haben eine spezielle Vorliebe für Rothaarige. Ihr Geschmack hat viele Ursachen: Ihre frühkindlichen Erfahrungen, kulturelle Einflüsse und vielleicht sogar Ihre genetische Prägung. Aber ein Aspekt Ihres „Geschmacks“ hat damit zu tun, wie die Energie einer Frau auf Sie wirkt.

Manche Frauen haben eine kühlende Wirkung. Ihre Gegenwart wirkt wie ein kühles Glas Eistee an einem heißen Sommertag. Vielleicht haben Sie schon Ausdrücke wie „eine eisige Blondine“ oder „eine Frau mit kühlen blauen Augen“ für solche Frauen verwendet.

Andere Frauen sind heiß. Sie sind feurig und temperamentvoll. Solche Frauen haben Sie vielleicht schon als „feurigen Rotschopf“ oder „heißblütige Südländerin“ bezeichnet.

Natürlich sind nicht alle rothaarigen oder mediterranen Frauen heiß, und nicht alle Blondinen sind kühl. Dennoch hat es einen Sinn, über die „Temperatur“ einer Frau zu sprechen. Die meisten Männer können eine kühle und besänftigende Frau intuitiv von einer heißen und aufregenden unterscheiden, wie immer sie es benennen. Und dieser Unterschied trägt viel dazu bei, warum Männer verschiedene Frauen bevorzugen und warum sich ihr Geschmack im Laufe der Zeit verändern kann.

Ihr Geschmack ist nicht nur von simplen psychologischen Vorlieben abhängig. Die Energie der Frau spielt eine wichtige Rolle. Sie können einer wirklich gut aussehenden Frau begegnen, die Sie einfach nicht berührt. Sie sehen, dass sie schön ist und können verstehen, warum Ihre Freunde sie attraktiv finden, aber sie entspricht einfach nicht Ihrem Geschmack. Unterschiedliche Frauen strahlen unterschiedliche Arten weiblicher Energie aus. Und einer der einfachsten Unterschiede ist derjenige zwischen heiß und kalt.

Um das besser zu verstehen, denken Sie an Ihre Beziehung zum Essen. Manche Männer lieben scharfe, indische oder mexikanische Gerichte, während andere kühle, milde Nahrungsmittel wie Salate, Süßigkeiten oder Milch bevorzugen. Und das Bedürfnis eines Mannes nach bestimmten Speisen kann sich auch über die Jahre verändern. Dasselbe gilt für seine Bedürfnisse, was die weibliche Energie angeht.

Wenn Sie ein besonders entspannter Mann sind, der sich nur schwer motivieren kann, ist eine heißblütige Frau wahrscheinlich besser für Sie. Ihr feuriges Wesen kann Ihr System anheizen und Sie in Bewegung bringen. Sind Sie hingegen eher heiß und aufbrausend, wirkt sich die Energie einer kühlen Frau heilend und ausgleichend auf Ihren Körper und Ihre Seele aus.

Es kann sein, dass Sie abhängig von Ihrem jeweiligen Gesundheits- und Gefühlszustand, Ihrem Lebensstil und Ihren beruflichen Anforderungen zu verschiedenen Zeiten verschiedene Energien brauchen. Sie sollten also wissen, dass es Unterschiede gibt, damit Sie eine bewusste

Wahl treffen und voraussehen können, wie sie sich für Sie auswirken könnte.

Möglicherweise stellen Sie Ihre derzeitige Beziehung in Frage, weil Ihnen nicht klar ist, dass sich Ihre Bedürfnisse nach einer bestimmten weiblichen Energie ändern können. Wenn Ihnen Ihr Leben öde und langweilig vorkommt, fühlen Sie sich wahrscheinlich von einer aufregenden, heißen Frau angezogen. Sie gibt Ihnen das Feuer, das Ihnen fehlt. Ist Ihr Leben jedoch extrem anstrengend und Sie fühlen sich ausgebrannt, könnte Ihnen eine heißblütige Frau auf die Nerven gehen. Dann fühlen Sie sich eher von dem kühlen Blick und der sanften Berührung einer kühlen Frau angezogen.

Stellen Sie sich vor, sie sind mit einer heißen Frau verheiratet. Jahrelang haben Sie ihre Leidenschaft genossen, sich über ihre Wut amüsiert und sich an ihren spontanen sexuellen Reaktionen ergötzt. Dann macht Ihre Karriere eine Veränderung durch. Plötzlich arbeiten Sie den ganzen Tag mit Menschen zusammen und müssen enge Terminpläne einhalten. Bis zu fünfzig Stunden die Woche sind Sie mit den Emotionen und Widerständen anderer Leute konfrontiert. Sie bemerken, dass Sie fast den ganzen Tag schwitzen. Sie stehen massiv unter Druck. Ihr Leben ist ziemlich heiß geworden, als müssten Sie den ganzen Tag in einem Dampfkochtopf zubringen.

Dann kommen Sie heim zu Ihrer heißen Frau. Sie überfällt Sie mit leidenschaftlichen Umarmungen und möchte zur Sache kommen. Doch Sie wollen sich lieber entspannen. Sie erklären ihr, dass Sie sich erst etwas ausruhen wollen, und sie zieht sich um und geht ins Fitness-Center, um ihren geschmeidigen Körper zu strecken und Muskeln aufzubauen. In der Zwischenzeit kommt ihre beste Freundin vorbei. Sie öffnen Ihr die Tür und bitten sie ins Haus. Sie bewegt sich so viel langsamer als Ihre Frau. Ihre Anwesenheit scheint Sie zu besänftigen und zu entspannen, obwohl sie sich normalerweise nicht zu dieser Art Frauen hingezogen fühlen.

Die Wesensart dieser Frau wirkt so erfrischend. Sie sieht, dass Sie müde sind und da Sie alte Bekannte sind, fragt Sie, ob sie Ihnen die Schultern massieren soll. Sie berührt Ihre Schultern und schon bevor sie mit ihrer sanften Massage beginnt, fühlen Sie, wie kühle, erfrischende

Energie in Wellen durch Ihren Körper strömt. Sie seufzen vor Erleichterung. Nach einer kurzen Massage geht sie wieder – sie wird Ihre Frau an einem anderen Tag besuchen.

Dann kommt Ihre Frau zurück und platzt vor Energie. Sie beginnt im Haus herumzuräumen und fährt Sie an, weil Sie ihre Freundin nicht zum Bleiben eingeladen haben. Als sie bemerkt, wie müde Sie sind, entschuldigt sie sich und küsst Sie voller Leidenschaft. Ihre Hände wandern sofort zu Ihrem Schritt, aber Sie denken immer noch an ihre Freundin und die erfrischende Energie dieser Frau. Sie fragen sich, was um Himmels willen Sie tun sollten.

Was Sie tun sollten? Sie sollten verstehen, was da abläuft. Bislang haben Sie das feurige Temperament Ihrer Frau immer genossen, aber jetzt, da Ihre Arbeit Sie den ganzen Tag zum Kochen bringt, brauchen Sie den Ausgleich einer kühleren Energie. Sie müssen deshalb nicht ihre Ehe beenden. Sie müssen nicht unbedingt mit der kühlen Freundin Ihrer Frau ins Bett gehen. Sie müssen eine Möglichkeit finden, ihr Leben ins Gleichgewicht zu bringen.

Sie können sich auf eine kühlende Ernährungsweise umstellen. Sie können Ihren Körper kühlen, und an heißen Tagen einen Sonnenhut oder leichtere, atmungsaktive Kleidung tragen. Sie können beruhigende Spaziergänge an einem See oder Fluss machen, wo das Wasser die Hitze des Tages ableitet. Oder Sie können die kühlende Energie direkt von einer Frau empfangen, auch auf nichtsexuelle Weise, wenn Sie das wünschen.

Sie können sich zum Beispiel von einer professionellen Masseurin mit kühlender femininer Energie behandeln lassen. Manchmal reicht es schon, ein Weilchen mit einer kühlen Frau im selben Raum zu sein. Auf jedem Fall ist es wichtig, zu erkennen, dass Ihre Bedürfnisse nach einer bestimmten Energiequalität sich im Laufe Ihres Lebens ändern werden. Sie müssen lernen, damit umzugehen. Dabei ist es wichtig, Ihr Bedürfnis nach einer anderen Energiequalität nicht fälschlich als einen Grund zu sehen, Ihre Beziehung zu beenden. Außerdem ist es wichtig, zu wissen, dass Sie die feminine Energie auch auf völlig asexuelle Weise von anderen Frauen empfangen können, wenn Sie das wünschen.

Am Ende müssen Sie Ihre eigene Wahl treffen. Wenn die Energiebedürfnisse eines Mannes sich ändern und er die Energie, die er braucht – und von seiner Frau nicht erhält – bei der Sekretärin im Büro findet, wird er eventuell eine Affäre beginnen oder sich scheiden lassen. Ein anderer Mann wird mit seiner Partnerin über seine veränderten Energiebedürfnisse sprechen und entdecken, dass sie vollkommen in der Lage ist, ihm die feminine Energiequalität zu geben, die ihn am besten heilt und verjüngt.

Verwechseln Sie Ihre Energiebedürfnisse jedoch nicht mit tief empfundener Liebe. Die Energiebedürfnisse können relativ leicht ausgeglichen werden. Sie können die Energie, die Sie brauchen, wahrscheinlich durch Massagen oder eine veränderte Ernährungsweise erhalten. Wenn Sie einen drastischen Schnitt machen und sich entscheiden, Ihre Partnerin für eine Frau zu verlassen, deren Energie Sie mehr belebt, könnten Sie in ein paar Monaten überrascht feststellen, dass sich Ihre Energiebedürfnisse wieder verändert haben und Ihre Wahl sehr oberflächlich war.

Sie müssen selbst entscheiden, wie Sie mit Ihrem Bedürfnis nach der speziellen weiblichen Energie umgehen wollen, die Ihren Körper belebt, Ihre Wunden heilt und Ihren Kampfgeist besänftigt. Aber eine solche energetische Verjüngung macht nicht wirklich einen Unterschied, es sei denn, Sie werden im Innersten freier, offener und liebevoller. Ein kühles Glas Fruchtsaft, ein Urlaub auf Hawaii oder eine rothaarige Frau können Ihr System vorübergehend ins Gleichgewicht bringen, aber nur eine stetige, tiefe Liebesbeziehung kann Sie durch Ihre Ängste und Ihr Getrenntheitsgefühl hindurch und zu der absoluten Leichtigkeit des Seins führen, die Ihre tiefste Wahrheit ist. Erinnern Sie sich an Ihre Prioritäten und entscheiden Sie dann selbst, was Sie tun müssen.

TEIL 4

Was Frauen wirklich wollen

29
Wählen Sie eine Frau, die Sie will

Wenn ein Mann eine Frau begehrt, die ihn nicht will, kann er nur verlieren. Seine Bedürftigkeit wird jede Möglichkeit einer Beziehung verhindern, und seine Partnerin wird ihm nie vertrauen können. Ein Mann muss feststellen, ob eine Frau ihn eigentlich will und nur ein wenig zappeln lässt, oder ob sie ihn wirklich nicht will. Wenn Sie ihn nicht will, sollte er sofort aufhören, ihr nachzustellen, und sich selbst um seinen Schmerz kümmern.

Wenn Sie jemals erleben, dass Sie mit einer Frau zusammen sein wollen, die Sie nicht will, müssen Sie mit Ihren Freunden reden. Bitten Sie sie um Ihre ehrliche Meinung. Fragen Sie sie, ob diese Frau in Wirklichkeit mit Ihnen zusammen sein will oder nicht.

Wenn Ihre Freunde Ihnen ehrlich versichern, dass diese Frau nicht mit Ihnen zusammen sein will, ist die Sache vorbei. Sie können nie eine gute Beziehung mit ihr genießen, selbst wenn sie ihre Meinung ändert. Sobald sie Ihre Bedürftigkeit spürt und merkt, dass Sie mehr von ihr wollen als sie von Ihnen, wird sie Ihrem maskulinen Kern nicht länger vertrauen.

Der maskuline Wesenskern braucht Missionen, Ziele, eine Richtung im Leben. Für den femininen Wesenskern gibt es nichts Wichtigeres als den Fluss der Liebe, die Intimität. Wenn eine Frau spürt, dass Ihre feminine Seite stärker ist als die Ihrige – wenn sie fühlt, dass Ihnen die Intimität wichtiger ist als ihr – dann wird das automatisch ihre maskuline Seite wecken. Sie wird Raum brauchen, Freiheit, ihre eigenen Ziele zu verfolgen, und Ihr Klammern wird sie abstoßen.

Sie bestrafen sich nur selbst, wenn Ihr Wunsch, mit einer bestimmten Frau zusammen zu sein, größer ist als der Wunsch der Frau nach dieser Beziehung. Natürlich müssen Sie unterscheiden, ob sie nur die Zurückhaltende spielt oder wirklich weniger an einer Beziehung interessiert ist als Sie. Deshalb sollten Sie Ihre Freunde und sogar die Freunde der betreffenden Frau um Rat fragen. Wenn sich herausstellt, dass sie wirklich nicht den gleichen Beziehungswunsch hat wie Sie, dann ist es an der Zeit, einzusehen, dass die Beziehung nicht funktionieren kann. In solch einem Fall haben sich die Pole umgekehrt – Ihr femininer Wunsch nach Liebe trifft auf den maskulinen Freiheitswunsch der Frau. Das ist keine gute Basis für eine intime Beziehung zwischen einem Mann mit maskuliner und einer Frau mit femininer Essenz. Es ist besser, weiterzugehen und den Schmerz zu verarbeiten, anstatt weiterhin zu zeigen, dass Ihr weibliches Verlangen größer ist als das ihrige.

30
Was sie sagt und was sie will, ist nicht dasselbe

Manchmal richtet eine Frau eine unmissverständliche Bitte an ihren Partner – nicht, damit er etwas Bestimmtes tut, sondern um zu prüfen, ob er so schwach ist und es tatsächlich tut. Mit anderen Worten, sie testet seine Fähigkeit, das Richtige zu tun, und nicht das, worum sie ihn bittet. Wenn ihr Partner in einem solchen Fall tut, was sie verlangt, ist sie enttäuscht und verärgert. Der Mann wird nicht verstehen, warum sie so verärgert ist und wie er es ihr jemals recht machen könnte. Er muss daran denken, dass sich ihr Vertrauen nicht entfaltet, wenn er ihre Forderungen erfüllt, sondern wenn er die Liebe, das Gewahrsein und den Erfolg in ihrer beider Leben mehrt – trotz ihrer Forderungen.

Zur Illustration eine wahre Geschichte: Ein eher ruhiger und sensibler Mann lernte und übte Tantra-Yoga. Bei dieser Form des Yoga ist es wichtig, die Ejakulation zu umgehen und die stimulierte Energie in einer Art Ganzkörper-Orgasmus durch den Körper und das Herz kreisen zu lassen, anstatt sie mit dem kurzen Zucken der Ejakulation loszuwerden. Er lernte auch, seine tierische Leidenschaft auszudrükken, anstatt beim Sex immer nur ruhig und passiv zu bleiben.

Eines Tages war er mit seiner Frau im Auto unterwegs. Als sie an einen Park vorbeikamen, hatten beide die spontane Idee, anzuhalten, in den Wald zu laufen und sich wild auf dem Rasen unter den Bäumen zu lieben. Beide hatten noch nie im Freien Sex gehabt, und nun fielen sie mit wilden Schreien übereinander her – brüllend, stöhnend, leidenschaftlich aggressiv –, ein echter Durchbruch für beide.

Plötzlich merkte der Mann, dass seine Ejakulation kurz bevorstand, es sei denn, sie würden einen Moment lang innehalten. „Hör kurz auf, dich zu bewegen", sagte er zu seiner Partnerin, „wenn wir so weitermachen, komme ich gleich."

Doch die Frau bewegte sich sogar noch stärker. „Ich möchte, dass du in mir kommst", bat sie ihn, „bitte füll mich mit deinem Samen."

Der Mann hatte nur einen Sekundenbruchteil Zeit, einen Entschluss zu fassen, und er entschied sich, loszulassen und seiner Frau ihren Wunsch zu erfüllen. Er ejakulierte in ihr und entspannte sich.

Doch als er seiner Frau ins Gesicht schaute, sah er, dass sie verärgert war. „Was ist los?", fragte er sie.

„Du bist einfach gekommen", antwortete sie.

„Aber du hast doch gesagt, ich soll dich mit meinem Samen füllen, oder etwa nicht?"

„Ja, das habe ich gesagt, aber nur, um zu fühlen, dass du stark genug bist, es nicht zu tun!"

Der Mann fühlte sich ausgepumpt und leer. Er hatte das Gefühl, bei seiner Praxis des sexuellen Yogas versagt zu haben. Er wusste, dass es nicht richtig gewesen war, zu ejakulieren, aber er hatte sich dem Wunsch seiner Frau gebeugt. Nun war sie enttäuscht. Als sie ihn bat, sie mit seinem Samen zu füllen, wollte sie in Wirklichkeit fühlen, dass er stark genug war, bei dem zu bleiben, was er als richtig erkannte und nicht zu ejakulieren. Das wäre viel erotischer für sie gewesen, viel polarisierender und Vertrauen erweckender als sein Nachgeben, als sie ihn bat zu ejakulieren.

Ihre Partnerin testet Sie wahrscheinlich ständig auf diese Weise. Es ist ihr größter Wunsch, Ihr volles Bewusstsein, Ihre vertrauenswürdige Integrität, Ihre unerschütterliche Liebe und Ihr Vertrauen in Ihre Mission zu spüren. Doch sie wird diese Dinge selten direkt ansprechen. Sie lenkt Sie viel lieber von Ihrer Wahrheit ab, um dann zu merken, dass es ihr nicht gelingt – dass Sie fest bei Ihrer Wahrheit bleiben und sie gleichzeitig weiter lieben.

Wenn Sie ein schwacher Mann sind, bringt Sie die weibliche Eigenschaft, etwas zu wollen und etwas anderes zu sagen, auf die Palme. Sie werden fragen: „Warum sagt du nicht einfach, was du willst, anstatt das eine zu sagen und das andere zu meinen, und dann zu erwarten, dass ich es herausfinde?" So spricht ein Mann, der nicht versteht, dass Frauen eine Inkarnation des göttlichen Weiblichen sind. Und das göttliche Weibliche ist mit nichts weniger als dem göttlichen Männlichen zufrieden.

Das göttliche Maskuline ist Bewusstsein. Ein überlegener Mann übt stets, in allen Situationen bei vollem Bewusstsein zu bleiben. Wenn eine Ejakulation Ihre Fülle verringert, Ihre Präsenz mindert und Ihr Bewusstsein umstößt, sollten Sie nicht ejakulieren. Selbst wenn Ihre Partnerin Sie darum bittet. *Besonders,* wenn Ihre Partnerin Sie darum bittet.

Ihre Partnerin wird alle möglichen Dinge von Ihnen erbitten, jeden Tag. Lassen Sie sich nicht von Ihrer Wahrheit und dem Weg Ihres Herzens abbringen. Hinter den oberflächlichen Wünschen Ihrer Partnerin steht ihr Verlangen, ihr wahres Bedürfnis: Sie will von Ihrer leidenschaftlichen Fülle durchdrungen werden, sie will der Unerschütterlichkeit Ihrer Liebe vertrauen können, sie will in der Tiefe ihres Wesen spüren, dass Ihre maskuline Präsenz stärker ist als Ihre Zerstreutheit.

Ihre Partnerin ist eine Form der Göttin, bereit, Sie zu verspotten, zu prüfen, zu verführen, Ihnen im Zorn den Kopf abzuschlagen, wenn Sie in Ihrer Wahrheit schwach oder zwiespältig werden, und bereit, sich der Kraft Ihrer Liebe hinzugeben, wenn Sie fest und strahlend in Ihrem liebenden Bewusstsein bleiben.

Sie müssen wissen, dass Ihre Partnerin stets am meisten von der Kraft Ihrer Liebe, Ihrer Freiheit und Ihres Bewusstseins beglückt ist. Wenn ihre Forderungen und Wünsche Sie von dem abbringen können, was sie als Ihr höchstes Ziel erkennt, wird Sie verärgert und enttäuscht reagieren, obwohl sie Sie darum gebeten hat. Handeln Sie immer im Einklang mit Ihrem höchsten Bewusstsein. Prüfen Sie die Wünsche Ihrer Partnerin stets mit dem Schwert Ihrer Urteilskraft und nehmen Sie ihre Bitten nie für bare Münze, sondern messen Sie sie an Ihrer tiefsten Weisheit, selbst wenn Sie Ihre Partnerin anscheinend damit enttäuschen werden. Sie wird nicht enttäuscht sein, wenn sie spürt, dass Sie kraftvoll und eindeutig dem Weg Ihres Herzens folgen. Sollte sie jedoch von Ihrer tiefsten Wahrheit enttäuscht sein, dann ist sie nicht die Richtige für Sie.

31 Ihre Klagen sind nicht so gemeint

Frauen suchen immer die göttliche maskuline Präsenz in einem Mann, ganz gleich, wie ihre Launen oder Beschwerden aussehen. Ein Mann sollte die Klage einer Frau als Warnglocke betrachten und dann sein Bestes tun, um sein Leben mit seiner Wahrheit und seinem Lebensziel in Einklang zu bringen. Nimmt er ihre Klage wörtlich, wird er sofort vom Weg abkommen – der Wortlaut der Klage spiegelt eher die gegenwärtige Befindlichkeit seiner Partnerin und beruht weniger auf einer sorgfältigen, längeren Beobachtung seines Verhaltens. Er sollte ihre Beschwerden als Hinweis darauf sehen, wieder zu sich zu kommen, und vielleicht auch als Fingerzeig, wie er das tun sollte. Aber meistens sprechen ihre Klagen nicht die wirklichen, unbewussten Handlungen oder Tendenzen an, die verändert werden müssen.

Ihre Partnerin sagt: „Wie kannst du so viel Zeit vor dem Fernseher verplempern, wenn unsere Miete in ein paar Tagen fällig ist, die Ratenzahlung für den Wagen noch aussteht und du deinen Job verloren hast?"

„Mach dir keine Sorgen, ich habe morgen ein Vorstellungsgespräch."

„Na, dann komm endlich in die Gänge! Du hast schon vor Wochen gesagt, dass du die Garage entrümpeln willst. Man kommt ja kaum noch an das Auto!"

„Okay, geht in Ordnung, ich räume die Garage heute Nachmittag auf."

Ihre Partnerin schweigt und kümmert sich um ihre Aufgaben, aber Sie können ihre Wut und ihre Anspannung förmlich spüren. Sie halten es im Haus nicht länger aus.

„Ich komme in ein paar Stunden zurück und räume die Garage auf", sagen Sie, nehmen sich Ihre Jacke und steuern auf die Tür zu.

Aus der Küche hören Sie das Geräusch von zerbrechendem Glas, also gehen Sie hin und sehen, dass Ihre Partnerin vor Wut schäumt. „Ich halte das nicht länger aus!", heult sie.

„Ach komm, ich habe doch gesagt, dass ich die Garage aufräume. Was ist denn los?"

„Ich kann das einfach nicht länger ertragen!", jammert sie, dreht sich weg und lässt nicht zu, dass Sie ihr nahekommen.

„Ich fass es nicht! Ich habe doch gesagt, dass ich die Garage aufräume. Und morgen habe ich ein Vorstellungsgespräch. Alles wird gut. Was willst du noch?"

Sie haben wahrscheinlich schon ähnliche Gespräche mit Ihrer Partnerin geführt. In ihnen verbirgt sich der Schlüssel zur Entwicklung eines Mannes in die Freiheit. Und sie weisen auf einen häufigen Fehler hin, den Männer in Bezug auf ihre Frauen machen.

Worüber sich Ihre Partnerin beklagt, ist nur selten das, was sie wirklich stört. Es ist ein Fehler, dem Wortlaut ihrer Beschwerde zu glauben und auf jeden Punkt einzeln einzugehen. Wenn sie sich über finanzielle Dinge beklagt, verspürt sie meistens einen Mangel in Ihrer männlichen Fähigkeit, Ihr Leben mit Klarheit, Zielgerichtetheit, Integrität und Weisheit zu lenken. Das Geld spielt nur eine untergeordnete Rolle. Wenn Sie arm wären, aber vollkommen bewusst, glücklich, voller Integrität, furchtlos, humorvoll, liebevoll, und wenn Sie Ihre Gabe großzügig in die Welt bringen und Ihrer Partnerin geben würden, dann würde sie nicht über zu wenig Geld klagen.

Wenn Sie ankündigen, die Garage aufzuräumen, und dann Wochen vergehen, ohne dass Sie einen Handschlag getan haben, gilt ihre Beschwerde nicht wirklich der Garage. Natürlich hätte sie gerne eine saubere Garage, aber das ist Nebensache. Der tiefere Punkt ist, dass

Sie nicht getan haben, wozu Sie sich verpflichtet haben. Sie haben ihr versprochen, die Garage aufzuräumen und sich nicht an ihr Versprechen gehalten. Sie kann Ihren Worten nicht vertrauen. Und das schmerzt sie zutiefst.

Ihr Verhalten mag Ihnen wie eine Überreaktion vorkommen. Warum ist sie so hysterisch? Es geht doch nur um die Garage? Aber sie kann Ihren Mangel an Integrität spüren. Ihnen kommt es vielleicht wie eine Bagatelle vor, dass Sie die Garage noch nicht aufgeräumt haben, aber es ist ein Hinweis darauf, dass Sie Ihr Wort nicht halten und Ihre Ziele nicht verfolgen.

Mit Ihren Worten demonstrieren Sie Ihre Zielgerichtetheit, Ihren maskulinen Kern. Wenn Sie nicht erledigen, was Sie zu tun versprechen, spürt sie, dass Ihr männlicher Kern schwach ist. Sie fühlt sich hängengelassen. Sie kann Ihrer maskulinen Führung nicht vertrauen, und das gibt ihr ein Verlustgefühl. Mit der Zeit wird sie beginnen, ihren eigenen männlichen Schutz gegen Ihren Mangel an Integrität aufzubauen. Sie wird beginnen, sich vor dem Schmerz zu schützen, den Ihr Mangel an Durchsetzungskraft ihr bereitet. Sie wird sich verhärten, harsch und angespannt werden. Sie selbst betrachten die Garage nur als Lappalie. Aber Ihre Partnerin sieht, dass Sie sich nicht an Ihr Wort gehalten haben. Sie kann Ihnen nicht vertrauen.

Das ist vergleichsweise so, als würde Ihre Partnerin plötzlich extrem schlampig. Der weibliche Wesenskern ist reine Energie oder Strahlen. Wenn Ihre Partnerin sich gehen lässt, wenn sie ungepflegt, blass und immer müde und ausgelaugt wird, dann kann sie Ihnen nicht die feminine Energie geben, die Sie in der Intimität begehren. Sie könnten sie trotzdem noch lieben, beginnen aber, sich anderweitig nach femininer Energie umzuschauen.

Auf der Ebene der Polarität fühlen Sie sich von ihrem weiblichen Strahlen angezogen und belebt. Und auf derselben Ebene fühlt sie sich von Ihrer maskulinen Klarheit, Ihrer Zielgerichtetheit, Integrität und Präsenz angezogen und entspannt. Wenn sie über Ihre Fernsehgewohnheiten klagt, meint sie damit eigentlich Ihr gesamtes Leben, Ihren Mangel an Beharrlichkeit und Klarheit. Wenn Ihre Partnerin das Gefühl hätte, dass Sie Ihre Lebensziele klar verfolgen und wirklich präsent sind, wenn Sie bei ihr sind, dann wäre Ihre Aussage „Ich will eine halbe Stunde fernsehen und mich entspannen" völlig in Ordnung für sie. Das Fernsehen an sich macht ihr keine Sorge, obwohl sie es zum Thema macht.

Sie sollten Ihrer Partnerin zuhören wie einem Orakel, nicht wie einem Ratgeber. Ihre Bemerkungen sind normalerweise ziemlich beiläufig, enthalten aber wichtige Hinweise. Sie enthüllt Ihnen Ihre unbewussten Gewohnheiten, die Ihr Erwachen zu vollem Bewusstsein verhindern. Ihre Unbewusstheit tut ihr weh. Sie wird das nicht auf diese Weise ausdrücken, aber so ist es.

Streiten Sie sich nicht mit ihr über die Garage und das Vorstellungsgespräch. Darüber spricht sie gar nicht, selbst, wenn sie darüber spricht. Nehmen Sie ihre Beschwerden als Hinweis des Universums in Bezug auf Ihr Leben. Ist Fernsehen das Beste, was Sie in diesem Augenblick tun können? Manchmal brauchen Sie die Erholung, aber manchmal sind Sie bloß faul und versuchen, die Verantwortungen zu vergessen, die Sie sich in Ihrem Leben geschaffen haben.

Haben Sie Ihre Partnerin absichtlich angelogen, als Sie darüber sprachen, die Garage aufzuräumen? Oder haben Sie es einfach schleifen lassen, wie so viele Verpflichtungen, die Sie eingehen? Können Sie ihrer Partnerin wirklich vorwerfen, dass der Mangel an Integrität, den Ihr Leben aufweist, sie verletzt?

Wenn sie nicht darauf vertrauen kann, dass Sie *Ihr* Leben auf der Basis Ihrer tiefsten Weisheit und all Ihrer Fähigkeiten leben, dann kann Sie Ihnen auch ihr eigenes Leben nicht anvertrauen. Sie kann Ihrer maskulinen Integrität nicht vertrauen und wird, um das zu kompensieren, ihre eigene Männlichkeit überentwickeln. Dann ist sie nicht nur für sich selbst männlich, sondern auch für Sie mit. Wenn sie Sie an das Vorstellungsgespräch oder die Unordnung in der Garage erinnern muss, dann liefert sie die männliche Zielsetzung für Sie beide. Und das führt zu Stress. Man wird es an ihrem Körper sehen. Sie kann nicht mehr so strahlend und entspannt in ihrer weiblichen Kraft und Herrlichkeit ruhen, weil sie Ihre Mängel ausbügeln muss.

Die dunklen Augenringe und die Falten Ihrer Partnerin sagen viel darüber aus, wie klar Sie Ihrem höchsten Lebensziel folgen. Natürlich muss Ihre Partnerin auch aus ihren eigenen unbewussten Gewohnheiten herauswachsen, aber manchmal spiegelt sie die Ihrigen. Versuchen Sie, so gut Sie können, herauszufinden, welche ihrer „Probleme" in Wirklichkeit hervorragende Rückmeldungen auf die Art und Weise darstellen, wie Sie Ihr Leben gestalten. Sie wissen, wie viel Sie sich selbst vormachen. Ihre Partnerin weiß es auch. Es verletzt sie nur mehr als es Sie verletzt.

32
Sie will nicht wirklich die Nummer eins sein

Eine Frau erweckt manchmal den Eindruck, als wolle sie das Wichtigste im Leben ihres Mannes sein. Ist sie jedoch das Wichtigste, hat sie das Gefühl, ihr Partner stelle sie vor alles andere und widme seiner spirituellen Entwicklung nicht mehr genug Aufmerksamkeit. Sie spürt, dass das Glück ihres Partners von ihr abhängig ist, und fühlt sich erdrückt von seiner Bedürftigkeit und seinem Klammern. Eine Frau will wirklich, dass ihr Partner sich voll und ganz seinem höchsten Ziel verpflichtet – und sie gleichzeitig von ganzem Herzen liebt. Obwohl sie es nie zugeben würde, will sie spüren, dass ihr Partner bereit wäre, ihre Beziehung seinem höchsten Ziel zu opfern.

Stellen Sie sich einen Mann vor, der in den Krieg ziehen muss. Er umarmt seine Frau zum Abschied. Sie weint.

„Bitte, geh nicht", bittet sie ihn.

„Du weißt, ich habe keine Wahl", antwortet er.

Sie schauen sich tief in die Augen.

„Du weißt, dass ich dich liebe", sagt er zu ihr.

„Ja, ich weiß. Und ich weiß auch, dass du gehen musst", antwortet sie, und ein weiterer Tränenstrom überzieht ihr trauriges Gesicht.

Er wendet sich ab und geht hinaus, seinem unvermeidlichen Schicksal entgegen, während seine Frau ihm schmerzerfüllt und stolz nachschaut.

Diese übertrieben dramatische Szene illustriert ein tiefes Energieprinzip: Obwohl Ihre Partnerin anscheinend den wichtigsten Platz in Ihrem Leben einnehmen will, kann sie Ihnen viel mehr vertrauen und ihre Liebe schenken, wenn das nicht so ist.

Bei einem Mann sollte immer sein höchstes Ziel an erster Stelle stehen, nicht die Intimität. Ihre Partnerin weiß das. Tief in ihrem Innersten will sie es auch so. Die Frau in der obigen Szene würde sich merkwürdig fühlen, wenn ihr Mann plötzlich sagen würde: „Ich habe mich anders entschieden. Du bist mir wichtiger als die Freiheit der Menschheit. Du bist das Wichtigste in meinem Leben und es ist mir egal, ob mein Dienst an der Menschheit woanders gebraucht wird. Ich bleibe bei dir!“ Selbst wenn sie sich an der Oberfläche freuen würde, wäre ein tieferer Teil von ihr schockiert, frustriert, enttäuscht.

Und doch weint sie, als ihr Mann die Tür hinter sich schließt, um seine Mission zu erfüllen, und sie wünscht, er könnte bleiben. Doch er kann nicht bleiben. Und sie weiß es.

Wenn eine Frau zum Mittelpunkt Ihres Lebens wird, sind Sie verloren. Sie müssen Ihre Gabe geben, Ihre Aufgabe erfüllen, Ihrem tiefen Herzensimpuls Folge leisten. Wenn Sie den Kontakt zu diesem Impuls verlieren, werden Sie sich immer zwiespältig fühlen. Sie werden Entscheidungen treffen, weil Sie das müssen, doch Sie werden dabei nicht von Ihrem höchsten Lebenszweck geleitet. Vielleicht verschreiben Sie sich dem Lebenszweck Ihrer Frau, weil er sich stärker anfühlt als der Ihrige. Vielleicht reduzieren Sie Ihr Bedürfnis nach einem höheren Lebenssinn auf fremde Ziele, funktionieren als kleines Rädchen in Ihrer Firma oder als seelenloser Ehemann und Vater zu Hause, und sind nicht mehr offen für Ihre eigene größte Vision.

Achten Sie stets darauf, Ihren wahren Lebenszweck nicht mit Ersatzverpflichtungen zu überdecken. Es ist so einfach, Ihren Tag mit Aufgaben und Pflichten vollzupacken und nur noch aufzutauchen, um etwas fernzusehen oder eine schnelle Nummer zu schieben. Es ist ebenso einfach, Ihre absolute Verpflichtung an ein Leben in der Wahrheit ganz fallen zu lassen und sich stattdessen absolut Ihrer Arbeit, Ihrer Familie, Ihrer Intimität und Ihren Freunden zu verpflichten. Doch Sie können nur dann ein überlegener Mitarbeiter, Vater, Ehemann und

Freund sein, wenn Sie all diese Beziehungen als Geschenke sehen, die Ihr eigener Wesenskern Ihnen gibt, und nicht als das Einzige, was Ihnen bleibt, wenn Sie nicht den Mut haben, Ihren tiefsten Wesensimpuls zu entdecken und aus ihm zu leben.

Wenn Sie nicht aus dem Kern Ihres Wesens leben und Ihre vollsten Gaben geben, wird jeder spüren, dass es Ihnen an einer wahren Zielsetzung fehlt. Ihre Kinder werden Ihre Autorität in Frage stellen. Ihre Kollegen werden Sie ausnutzen. Ihre Freunde werden nicht allzu viel von Ihnen erwarten. Und Ihre Partnerin wird Ihnen nicht vertrauen.

Selbst wenn sie anscheinend der Mittelpunkt Ihres Lebens sein will – es stimmt nicht. Sie will jedoch, dass Sie den Mittelpunkt Ihres eigenen Lebens kennen, damit sie Ihnen vertrauen kann. Selbst wenn Sie Ihre Partnerin zeitweilig verlassen müssen, um Ihre Aufgabe zu erfüllen, wie ein Mann, der in den Krieg zieht, kann sie Ihnen vertrauen und Sie lieben, solange Ihre Ziele wahrhaftig sind.

Wenn Sie immer nur vor dem Fernseher sitzen, Illustrierte lesen oder Karten spielen, spürt Ihre Partnerin, wie seicht Ihr Leben ist. Sie merkt, dass Sie sich mit einem Minimum begnügen und ist von der Flachheit Ihres Willens angewidert.

Wenn Sie jedoch den Lebenszweck entdeckt haben, der Ihrem tiefsten Kern entspringt, und wenn Ihr Leben vollkommen auf diesen tiefen Zweck ausgerichtet ist, wird Ihre Partnerin die Wahrheit in Ihren Entscheidungen spüren. Sie mag Ihre Entscheidungen nicht immer mögen, aber sie wird sie akzeptieren, und sie wird Sie für Ihren Mut lieben, Ihre eigene Wahrheit zu leben. Sie kann sich entspannen und Ihnen vertrauen, denn selbst wenn Sie gelegentlich fernsehen, Illustrierte lesen oder Karten spielen weiß Ihre Partnerin, dass Sie Ihr höchstes Ziel im Leben niemals über Bord werfen würden, und dieses Ziel schließt Ihre Beziehung mit ein, hängt jedoch nicht von ihr ab und stellt sie auch nicht in den Mittelpunkt.

33 Sie schert sich nicht darum, wie gut Ihre Leistungen sind

Die guten Leistungen eines Mannes haben für eine Frau keine Bedeutung. Ein Mann kann sich zehn Jahre lang mustergültig verhalten und nur für dreißig Sekunden ein Arschloch sein – seine Frau wird reagieren, als wäre er immer eins gewesen. Die Frau reagiert auf die Energie im gegenwärtigen Augenblick und vergisst das frühere Wohlverhalten Ihres Mannes. Das frühere Verhalten eines Mannes ist bedeutungslos in Bezug auf ihre derzeitigen Gefühle. Männer beurteilen einander viel mehr nach ihren üblichen Verhaltensweisen und glauben deshalb, ihre guten Leistungen seien etwas wert. Das sind sie für eine Frau aber nicht.

Ein langer, anstrengender Arbeitstag liegt hinter Ihnen. Sie kommen endlich nach Hause und Ihre Partnerin ist außer sich. Sie haben das Essen mit Freunden vergessen, das für den Abend geplant war, und jetzt ist es zu spät. Ihre Partnerin kocht vor Wut.

„Tut mir leid, dass ich zu spät komme, aber das war heute kein normaler Tag", sagen Sie. „Ich habe seit Monaten keine Überstunden gemacht, aber heute ging es nicht anders. Du kannst dich wahrscheinlich nicht mal erinnern, wann ich das letzte Mal eine gemeinsame Verabredung vergessen habe. So etwas vergesse ich eigentlich nie."

„Aber heute hast du's vergessen, und das zählt!"

Es hat keinen Zweck, auf Ihre großartigen Leistungen zu verweisen, um ihren Zorn zu besänftigen. Für eine Frau ist die Vorgeschichte irrelevant. Was zählt, ist das Gefühl in der Gegenwart. Wenn Sie sie heute versetzen, können Sie monate-, sogar jahrelang pünktlich gewesen sein – Ihre vergangenen Leistungen haben keinen Einfluss auf ihr gegenwärtiges Gefühl, versetzt worden zu sein.

Für Sie als Mann ist es wahrscheinlich leichter, einem anderen Mann mit einer guten Vorgeschichte den gelegentlichen Fehler zu vergeben. Was Sie auf die Palme treibt, ist ein Mann ohne Rückgrat, der nie zu seinem Wort steht, während Sie bei einem Mann, den Sie eigentlich als rechtschaffen kennen, leicht auch über größere Fehler hinwegsehen können. Sie wissen, er gibt wirklich sein Bestes und der Fehler war eine seltene Ausnahme.

Aber für eine Frau hat die Vergangenheit keine Bedeutung. Ein einziges falsches Wort während einer fünfstündigen Liebesnacht, die in jeder Hinsicht vollkommen war, kann Ihrer Partnerin alles ebenso verderben, als hätten Sie zwei Stunden lang Fehler gemacht.

Werden Sie nicht wütend, wenn sich Ihre Partnerin nach so vielen erfolgreichen Momenten über einen kleinen Fehler aufregt, sondern verändern Sie sofort die Energie zwischen Ihnen beiden. Denken Sie daran: Eine Frau misst der Vergangenheit keine Bedeutung zu und wird Ihren Fehler ebenso schnell vergessen wie Ihre Erfolge. Wenn Sie merken, dass Ihre Partnerin aufgebracht ist, überschütten Sie sie mit Glücksgefühlen. Schockieren Sie sie mit Ihrer Liebe. Bringen Sie sie zum Lächeln und lachen Sie mit ihr. Lecken Sie ihren Hals oder spielen Sie King Kong und heben Sie sie in die Luft. Überraschen Sie sie auf liebevolle Weise, und ihre emotionalen Wolken werden sich auflösen. Ihr momentanes Versagen wird bleibend verschwinden und ebenso unbedeutend werden wie ihre lange Erfolgsgeschichte.

Bringen Sie im gegenwärtigen Augenblick die Liebe und das Glück wieder zum Erblühen, und rechtfertigen Sie Ihren kleinen Fehler nicht mit Verweisen auf Ihre lange Reihe guter Taten.

34
Sie will sich entspannen können, während Sie die Führung übernehmen

Eine Frau muss darauf vertrauen können, dass Sie die Dinge in die Hand nehmen, wenn sie ihre maskuline Seite locker lässt. Das betrifft gleichermaßen den finanziellen, sexuellen, emotionalen und spirituellen Bereich. Der Mann muss nicht die ganze Arbeit tun, aber er muss den Kurs angeben können, damit seine Partnerin ohne Angst in ihre Weiblichkeit entspannen kann.

Manche Frauen wollen die meiste Zeit das Sagen haben. Dieser Wunsch, die Richtung anzugeben – von der Kontrolle der Fernbedienung bis zu der Entscheidung, in welcher Stadt Sie leben – ist eine maskuline Eigenschaft in Frauen wie in Männern. Ist die Essenz Ihrer Partnerin eher maskulin, wird sie in Ihrem gemeinsamen Leben meistens lieber die Führung übernehmen.

Hat Ihre Partnerin jedoch eine feminine sexuelle Essenz, wird es immer wieder Zeiten geben, in denen sie sich genussvoll entspannen und die Führung abgeben will. Sie würde gerne in ihrer Weiblichkeit entspannen und es Ihnen überlassen, die Entscheidungen zu fällen. Wenn Sie das nicht können, wenn Sie nicht wissen, in welche Richtung Sie gehen wollen, fühlt sich Ihre Partnerin verloren. Sie muss wieder selbst die Führung übernehmen, weil Sie das nicht tun. Sie kann sich nicht entspannen.

Je entspannter sie in ihrer Weiblichkeit ruht, desto strahlender ist Ihre Partnerin. Sie haben wahrscheinlich schon bemerkt, wie schnell sich das Strahlen einer Frau verändert. Eben noch matt und erschöpft, leuchtet sie plötzlich auf – vielleicht, nachdem Sie sie mit einem Liebesgeschenk überrascht haben. Sie sieht fünfzehn Jahre jünger aus. Die Falten in ihrem Gesicht haben sich im Bruchteil einer Sekunde verflüchtigt.

Wenn Sie Ihrer Partnerin helfen wollen, in ihre Weiblichkeit zu entspannen und ihr natürliches Strahlen zu zeigen, müssen Sie sie von der Pflicht befreien, die Führung zu übernehmen. Das bedeutet nicht, sie herumzukommandieren. Es bedeutet, zu wissen, auf welches Ziel Sie zusteuern und wie Sie es erreichen wollen, und zwar auf allen Ebenen, finanziell und spirituell.

Wenn Sie in Bezug auf Ihre künftige Finanzlage auch nur im Geringsten unsicher oder gespalten sind, wird Ihre Partnerin das spüren. Sie brauchen es nicht einmal auszusprechen. Sie spürt die Zweifel und die Ambivalenz in Ihrem Körper, Ihren Augen, Ihrer Stimme. Sie brauchen keine Millionen zu verdienen, sondern müssen nur die Verantwortung für die Finanzen übernehmen und Ihre Zukunft mit einplanen. Selbst wenn Sie sich entscheiden, ein Mönch zu werden – wichtig ist, dass Sie klar und zuverlässig sind und sich von Ihrer tiefsten inneren Weisheit leiten lassen. Dann kann sich Ihre Partnerin entspannen. Sie weiß, wo Sie stehen und kennt Ihre Pläne. Sie kann Ihre Integrität spüren. Sie kann Ihrer Zielsetzung vertrauen, weil sie weiß, diese entspringt Ihrem tiefsten Weisheitskern. Sie flattert nicht im Luftzug Ihrer Ungewissheit, sondern steht auf dem sicheren Boden, den Sie mit Ihrer Klarheit bieten.

Sogar noch wichtiger ist Ihre spirituelle Ausrichtung. Wohin bewegt sich Ihre Beziehung? Was ist der Sinn Ihres gemeinsamen Lebens? Was bleibt unter dem Strich? Wie werden Sie beide wachsen können, ohne im Sumpf der Mittelmäßigkeit zu versinken?

Wenn Ihre Partnerin den Verlust Ihrer spirituellen Ausrichtung fühlt, sucht sie ihren eigenen Weg und versucht Sie davon zu überzeugen, weil Sie anscheinend keinen haben. Wenn sie zum Beispiel spürt, dass Sie voll und ganz in Ihrer Arbeit aufgehen und neben ihrer Karriere nur vor dem Fernseher sitzen, fragt sie sich: „Ist das etwa schon alles? Hat unsere Beziehung nicht mehr zu bieten? Das soll die höchste Vision meines Mannes sein?" Wenn sie spürt, dass es Ihnen an finanzieller oder spiritueller Klarheit mangelt, kann sie sich nicht mit Ihnen entspannen. Sie wird automatisch beginnen, ihr eigenes Leben in die Hand zu nehmen und wahrscheinlich Ihr Leben gleich mit. Sie wird ihre eigene maskuline Zielsetzung entwickeln, da sie Ihnen offenbar fehlt. Und Ihr Strahlen wird ermatten.

Je gespaltener Sie erscheinen, finanziell und spirituell, desto mehr wächst das Bedürfnis Ihrer Partnerin, Ihre Aufmerksamkeit auf ihre eigenen maskulinen Energien und Ziele zu richten. Für manche Frauen ist das großartig, sie müssen ihre maskuline Energie entwickeln. Doch viele Frauen haben ihre maskuline Seite schon entwickelt und wünschen sich die Gelegenheit, ihre eigene Männlichkeit loszulassen und die Ihrige als Geschenk zu erhalten. Wie können Sie erkennen, ob die eigene Zielsetzung Ihrer Partnerin gut für sie ist? Wenn sie beim Verfolgen ihrer Ziele immer voller und glücklicher wird, dann ist sie gut für sie. Wird sie jedoch immer angespannter, eingeengter und eckiger, dann bringt sie zu viele maskuline Anteile ins Spiel. Sie setzt sich auf eine Weise unter Druck, die auf Ihre Verantwortungslosigkeit hindeuten könnte.

Wie können Sie verantwortlicher werden? Nicht unbedingt, indem Sie mehr arbeiten. Sie werden verantwortlicher, indem Sie Ihr tiefstes Lebensziel kennenlernen und Ihre Finanzen sowie ihr spirituelles Leben an diesem Wissen ausrichten. Um in ihrem Strahlen und ihrem femininen Glücksgefühl entspannen zu können, muss Ihre Partnerin spüren, dass sie auf Ihren Zug aufsteigen kann und dass er genau da hinfährt, wohin sie will. Es ist nicht wichtig, ob Ihre Partnerin mehr oder weniger verdient als Sie – oder ob sie sogar alles Geld für Sie beide verdient. Wichtig ist, ob sie Ihre liebende Klarheit, Weisheit und Gewissheit in der Zielsetzung spüren kann. Solange sie spüren kann, dass Sie Ihre finanzielle Situation im Griff haben und Ihr gemeinsames Leben so ausrichten, dass die tiefste Liebe und die höchsten Gaben beider Partner manifest werden können, wird sie Ihrer männlichen Zielsetzung vertrauen und sich in ihr weiblich strahlendes Herz entspannen können.

TEIL 5

Ihre dunkle Seite

35
Sie suchen immer die Freiheit

Das Maskuline erfährt seine eigentlichste Ekstase stets im Augenblick der Befreiung von Zwängen. Das kann geschehen, wenn man dem Tod ins Angesicht schaut und überlebt, wenn man sein Ziel erreicht (und damit von ihm befreit ist) und einen Wettbewerb gewinnt (entspricht einer rituellen Todesdrohung). Der Mann strebt immer nach der Befreiung aus Zwängen und dem Weg in die Freiheit. Die Frau kann diese maskulinen Wege und Bedürfnisse oft nicht verstehen.

Ihre Grundmotivation ist es, von Zwängen befreit zu werden und die Freiheit auf der anderen Seite zu erfahren. Was sind die häufigsten Formen der Ekstase, die ein Mann erlebt? Da ist zum einen der Orgasmus. Wie Sie wahrscheinlich wissen, baut sich im typisch männlichen Orgasmus zunächst eine Spannung oder Beengung auf, so lange, bis der Damm schließlich bricht, sich die Anspannung löst und Ihre Energien freigesetzt werden. Nach dem Orgasmus tritt ein todesähnlicher Frieden ein, eine Leere gleichsam einer beglückenden Auslöschung. Das Maskuline strebt stets auf die eine oder andere Weise nach dieser Befreiung.

Die meisten Sportarten bieten diesen maskulinen Kitzel der Loslösung aus der Enge in die Freiheit. Beim Fußball wird das Team in Ballbesitz zum Beispiel von dem anderen Team daran gehindert, einfach auf das Tor zuzustürmen. Die Herausforderung besteht darin, die gegnerische Abwehrreihe auszuspielen und zu überwinden und den

Ball dann im Tor unterzubringen. In Menschen mit einer maskulinen Essenz weckt dieses Ritual der Herausforderung und Loslösung aus der Enge des Spiels in die Freiheit des Torjubels die extremsten Emotionen. Wenn die Spieler das befreiende Tor erzielt haben, stoßen sie wilde Freudenschreie aus, als hätte sich ihre tiefste Herzenssehnsucht erfüllt – und das ist auch der Fall. Dieser Durchbruch in die Freiheit, wie immer er geschieht, ist das wichtigste Motiv des Mannes. Alle männlichen Ziele – bei der Arbeit, auf dem Meditationskissen oder auf dem Fußballplatz – sind darauf angelegt, mehr Freiheit zu erlangen.

Das typisch männliche Freiheitsverlangen hat immer auf die eine oder andere Art mit dem Gefühl des Todes zu tun, der letztendlichen Angst und Befreiung des Mannes. Die Franzosen bezeichnen den Orgasmus sogar als *petit mort,* kleinen Tod. Man sagt auch Dinge wie: „Ich hoffe, mein Lieblingsteam macht alle Gegner platt" oder „Wenn es um meine Finanzen geht, werde ich zum Killer!"

Wahrscheinlich kennen Sie auch die dunkleren Aspekte des männlichen Freiheitsdrangs. Als ein Ausdruck des Verlangens nach Freiheit sind Kriege eine typisch männliche Angelegenheit. Die meisten Sportarten sind rituelle Formen des Krieges, doch ein echter Krieg bringt im Kern der meisten Männer etwas zum Schwingen. Selbst Kriegsfilme – Männer in Ausnahmesituationen, die im Angesicht des Todes ihr Letztes geben, getrieben von einem höheren Ziel – wecken starke Gefühle in Männern. Die Fähigkeit, sich im Dienste der Freiheit dem Tod zu stellen, ob in einem echten Krieg oder im Fußballstadion, ist der höchste männliche Akt und ruft bei Männern tiefe Gefühle hervor.

Dieselbe Fähigkeit, dem Tod ins Auge zu blicken, ist nötig, um spirituelle Freiheit zu erlangen. Um frei im Geist zu leben, muss ein Mann bereit sein, sich seinen Ängsten zu stellen und alles loszulassen, was seine Liebe einschränkt. Mit ihrem Verlangen nach Bequemlichkeit und Sicherheit schränken die meisten Männer ihre Fähigkeit ein, ein spirituelles „Tor" zu erzielen. Ihr gegnerisches Team ist Ihr eigenes Bedürfnis nach persönlicher Sicherheit. Sie sind im Krieg mit Ihrer eigenen Selbstabwehr. Frei zu sein bedeutet, Ihr Bedürfnis, ein getrenntes Selbst zu sein, sterben zu lassen. Was könnte dann noch in Fesseln gelegt werden? Der Tod des Egos, die absolute Hingabe bis zum Einssein ist die ultimative Freiheit. Nur wenige Männer lassen sich selbst irgendwann genug los, um in diese tiefe Freiheit zu entspannen, weil sie sich vor der absoluten Abwesenheit von Stress fürchten. Kein Stress heißt keine Gedanken, kein Gefühl eines geschützten Selbst, keine Mission zu erfüllen. Das Ende des maskulinen Spiels.

Doch dieses stressfreie, ungeschützte Ende aller Spiele ist genau das, was Sie immer suchen – in Orgasmen, finanziellen Risiken oder kriegerischen Triumphen. Sie sind bereit, die geringeren Formen männlicher „Tode" und Ekstasen zu erleben, scheuen sich aber, dem Tod Ihres getrennten Selbstgefühls in die Augen zu schauen und endlich die Freiheit zu *sein,* die Sie gelegentlich schmecken durften.

Männer werden es immer genießen, sich bestimmten Formen des „Todes" zu stellen, um jenseits davon die Freiheit zu finden, sei es in Form von Boxkämpfen, Gangsterfilmen, Kampfkunst, Orgasmen, Philosophie (das Stress lösende Ahhh der Erkenntnis) oder dem Tod des Egos. Sie müssen Ihrem Freiheitswunsch aktiv den Vorrang geben. Dann können Sie die geringeren Formen maskuliner Ekstase genießen und sich gleichzeitig ihrem höchsten Ausdruck verpflichten: Dem Überwinden der Angst vor dem Tod anhand Ihrer Bereitschaft, sich dem einengenden Stress Ihrer Selbstabwehr zu stellen, und durch sie hindurch in die absolute Freiheit zu entspannen, die Sie im Kern Ihres Wesens stets geahnt, aber immer nur durch vorübergehende Mittel angestrebt haben.

Das Feminine dagegen sucht nicht die Freiheit, sondern die Liebe. Die Beglückung einer Frau liegt nicht in der Leere, sondern in der Fülle. Ihr Mittel ist nicht die loslösende Befreiung, sondern die Hingabe. Das ist der Grund, warum eine Frau sich ärgert, wenn der Mann nach dem Orgasmus zu schnarchen beginnt. Er hat endlich die Leere nach der Ejakulation erreicht, die beglückende Freiheit vom Stress, die er den ganzen Tag auf die eine oder andere Art gesucht hat. Die Frau hofft jedoch, im Sex Liebe und Fülle zu erfahren, und ein schnarchender Mann gibt ihr das einfach nicht.

Eine feminine Frau sucht die Fülle und verabscheut die Leere. Sie füllt ihre leeren Regale mit Schnickschnack, Muscheln und Kieseln, die sie an besonderen Plätzen gesammelt hat. Wenn sie die Fülle der

Liebe nicht in sich spürt, füllt sie sich mit Eisbechern, Schokolade oder Gesprächen, anstatt ihren Stress mit Fernsehen oder Ejakulationen loszuwerden, wie Männer das häufig tun. Ihre dunkle Seite genießt die emotionalen Aggressionen in Seifenopern oder Liebesromanen, nicht die körperlichen Aggressionen der Boxkämpfe und Pornofilme. Sie sehnt sich danach, ihr Gefühl spiritueller Leere durch die Hingabe Ihres Herzens zu füllen und mit Liebe angefüllt zu sein. Ihr Weg in die spirituelle Einheit beruht auf der Hingabe für die verehrungsvolle Fülle grenzenloser Liebe, nicht darauf, die Angst vor dem Tod des Egos zu durchbrechen und in die grenzenlose Unendlichkeit absoluter Freiheit einzutreten.

Am Ende erreichen die weibliche Suche nach Liebe und die männliche Suche nach Freiheit dasselbe Ziel: den unbegrenzten und unendlichen Grund dessen, der Sie sind – und das heißt beides, absolute Liebe und absolute Freiheit. Aber bevor Sie sich endlich in das entspannen, was Sie immer schon sind, wird Ihre Partnerin sich weiterhin hingeben – an Sie, Schokolade und Einkaufsbummel – in der Hoffnung, mit Liebe gefüllt zu werden, und Sie werden sich weiterhin loslösen – mit Fernsehen, Orgasmen und finanziellen Erfolgen – in der Hoffnung, von Stress geleert in die grenzenlose Freiheit vorzudringen.

36
Nehmen Sie Ihre dunkelsten Begierden an

Wenn ein Mann sein maskulines Verlangen nach Freiheit leugnet, dämmt er den Strom seiner männlichen Kraft mit Staumauern. Seine Energie kann nicht mehr frei fließen und seine Aufmerksamkeit wird von unerfüllten Sehnsüchten gebannt. Und das Wichtigste: Wenn sein Kraftstrom auf diese Weise gestaut ist, schwächt das seine männliche Fähigkeit, dem Tod, der ein bewusstes Leben bedeutet, furchtlos ins Auge zu sehen. Dann ist er nicht in der Lage, sich dem Unbekannten, dem grundlosen Grund seines Wesens zu stellen und weiterhin in Liebe aus seinem Herzen zu handeln.

Wann haben Sie Ihre Partnerin zuletzt wirklich überwältigt und mitgerissen? Das heißt, wann haben Sie sie das letzte Mal wirklich „genommen", wild, liebevoll und hemmungslos? Oder ist das so lange her, dass Sie schon von Vergewaltigungsszenen im Fernsehen oder im Kino fasziniert und sogar angemacht werden?

Wenn Sie unfähig sind, Ihre dunklen Leidenschaften in Liebe auszudrücken, verbergen diese sich im Untergeschoss Ihrer Psyche. Ihre dunklen Begierden werden von Ihrem Herzen abgetrennt. Anstatt sich bewegt zu fühlen, Ihre Partnerin mit männlicher Kraft und aggressiver Leidenschaft zu umarmen – sie auf das Bett zu werfen, ihr die Kleider vom Leib zu reißen und sie mit Ihrem Körper festzunageln, während Sie gemeinsam in ekstatischer Liebe schmelzen –, stellen Sie sich in Ihrer Fantasie vor, wie Sie Frauen auf lieblose Weise kontrollieren und überwältigen.

Der Wunsch, Ihre Partnerin in heftiger Liebe mitzureißen, ist der sexuelle Aspekt desselben maskulinen Begehrens, das die Gegner auf dem Baseballfeld beiseite fegen, philosophische Barrieren in intellektuelle Erkenntnisse verwandeln und die Angst vor dem Tod durchbrechen will, um spirituelle Freiheit zu erlangen. Der Wunsch, wild zu lieben, ist der Wunsch, die Widerstände einer Frau zu brechen, um ihr Herz und ihren Körper in ekstatischer Liebe zu öffnen. Das Vergnügen besteht darin, ihre Psyche von allen konventionellen Fesseln zu befreien, sodass sie nur noch die Wahl hat, sich in Liebe hinzugeben.

Wenn dieser maskuline Überwältigungswunsch von Ihrem Herzen abgespalten wird, begnügen Sie sich damit, die Widerstände einer Frau ohne Liebe, sondern mit Gewalt oder Zwang zu brechen. Obwohl nur wenige Männer das offen zugeben, haben die meisten schon davon fantasiert, eine Frau gegen ihren Willen zum Sex zu zwingen. Und in Wirklichkeit haben die meisten Frauen auch schon davon geträumt, gegen ihren Willen zum Sex gezwungen zu werden. Das dunkle weibliche Verlangen, zur Hingabe gezwungen zu werden, ist ebenso stark wie das dunkle männliche Verlangen, den Widerstand einer Frau zu durchdringen. Der Unterschied zwischen Vergewaltigung und hingerissener Überwältigung ist die Liebe.

Wenn sich Ihre Partnerin an Ihre kraftvolle Liebe hingibt oder Sie Ihre Partnerin liebevoll in die Hingabe „zwingen", ist das die Basis hingerissener Überwältigung. Sind Sie beide jedoch nicht bereit, die dunkle maskulin-feminine Polarität voller Liebe und Humor auszuspielen, wird sie sich auf lieblose Weise äußern, wie zum Beispiel in Vergewaltigungsfantasien, der Besessenheit mit Seifenopern, tragischen Geschichten von Liebe und Verlust und gewalttätiger Pornografie.

Sexuelle Energie liegt an der Wurzel Ihrer körperlichen Lebenskraft, und Ihre Beziehung zur überwältigenden, stürmischen Liebe lässt auf Ihre Beziehung zum Leben schließen. Dasselbe gilt für Ihre Partnerin. Wenn Ihre Partnerin Angst hat, sich voll und ganz hinzugeben und Ihre Liebe rückhaltlos in sich aufzunehmen, fürchtet sie sich auch davor, sich voll und ganz auf die göttliche Liebe einzulassen und sie in sich aufzunehmen. Dann fühlt sie sich zutiefst leer und versucht, sich mit der „Liebe“ in Form von Essen, Shoppen, Partys und Gesprächen zu füllen.

Wenn Sie Angst haben, sich vollkommen auf die Ekstase der körperlichen Liebe mit Ihrer Partnerin einzulassen, Angst, jenseits jeglicher Kontrolle zu gehen und das Gefühl eines getrennten Selbst aufzugeben, sodass Ihre Herzen im Sturm hingebungsvoller Leidenschaft eins werden, dann fürchten Sie sich auch davor, sich ganz auf die göttliche Freiheit einzulassen. Dann halten Sie an dem Gefühl eines Selbst und Ihrer Kontrolle fest, anstatt sich durch Ihre Angst hindurch in die grenzenlose Endlosigkeit der Existenz fallen zu lassen, die sich jeglichem Wissen entzieht. Ihre eigene Anspannung füllt Sie ganz aus, und Sie werden versuchen, sich mithilfe der üblichen männlichen Gewohnheiten wie Fernsehen, Ejakulation und Arbeit auszuleeren.

Sie müssen lernen, in der Liebe mit Ihrer Partnerin vollkommen loszulassen. Solange Sie nicht ein Leben im Zölibat wählen, gibt es keine andere Möglichkeit. Sie müssen mit Ihrem sexuellen Verlangen ebenso furchtlos umgehen wie mit Ihrem spirituellen Verlangen. Die essenzielle männliche Angst – sich selbst zu verlieren – ist auch das essenzielle männliche Verlangen. Gleichen Sie den meisten Männern, dann sind Sie bereit, sich auf kontrollierte Weise im Sport, in Zeitungen und im Orgasmus zu verlieren, fürchten sich aber weiterhin vor dem wahren Selbstverlust in der Liebesekstase mit Ihrer Partnerin, der Hingabe an die Unendlichkeit jenseits der Verstandes, die sich allem Wissen entzieht.

Machen Sie ein Experiment: Wenn Sie das nächste Mal mit Ihrer Partnerin Liebe machen, versuchen Sie, sich durch Ihre eigenen körperlichen und emotionalen Grenzen hindurch in sie einzufühlen. Fühlen Sie so tief in sie hinein, dass Sie sich selbst nicht länger wahrnehmen, sondern nur noch sie. Fühlen Sie, wie Sie in Ihre Partnerin einströmen und sich Ihre Grenzen auflösen, sodass Sie ganz zu ihr werden, vollkommen eins mit ihrem Atem, ihren Bewegungen, ihren Gefühlen. Lieben Sie sie hemmungsloser, als Sie sich das je zugestanden haben. Fühlen Sie nicht nur durch Ihre eigenen Grenzen, sondern auch durch die Ihrer Partnerin hindurch, sodass Sie sich beide in der immensen Kraft Ihrer Liebe auflösen. Entspannen Sie sich so vollständig in die Kraft der Liebe, dass nichts als Liebe übrig bleibt.

Lassen Sie zu, dass diese Liebe Ihre Partnerin vollkommen berauscht und überwältigt, dass sie ihr Herz und ihren Körper bis zum Überströmen erfüllt, sodass ihr nichts bleibt, als sich der Tiefe und der Macht Ihrer Liebe hinzugeben. Mit entspanntem und spontanem Körper lassen Sie Ihre Liebe so tief in sie eindringen, dass sie überwältigt ist, zu Tränen gerührt, während Sie sich ganz ausliefern, jegliche Angst loslassen und nur noch Liebe geben.

Lassen Sie zu, dass sich Ihr männliches Verlangen mitten in dieser Auflösung des Ich und der Gabe der Liebe manifestiert, mit seinen dunklen und hellen Seiten. Seien und tun Sie alles mit ihr, was Sie je wollten – in Liebe, spontan und mit tiefer Einfühlung in sie hinein und durch sie hindurch. Achten Sie von Zeit zu Zeit darauf, den Energien und Wünschen Ihrer Partnerin Raum zu geben und sich von ihnen an Orte tragen zu lassen, die Sie alleine niemals betreten hätten.

Indem Sie die volle Macht Ihrer dunklen männlichen Liebe wieder in Besitz nehmen, gewinnen Sie sich nicht nur Ihre Fähigkeit zurück, Ihre Partnerin in selbstloser Ekstase zu überwältigen, sondern auch Ihren spirituellen Mut. Sie entwickeln die Courage, sich selbst loszulassen, wenn der Tod des Egos droht. Sie werden den Strom Ihres maskulinen sexuellen Verlangens wieder von allen Staus befreien, indem Sie sich der dunkle Seite Ihres sexuellen Begehrens öffnen und der Macht der Liebe erlauben, Sie über Ihr Bedürfnis, die Dinge zu kontrollieren und ängstlich festzuhalten, hinauszuheben. Sie werden die Fähigkeit entwickeln, in die Liebe zu „sterben“, ohne jegliches Bedürfnis, sich an Ihr Ich zu klammern.

Mit der Zeit, wenn diese Kraft freier durch Sie hindurchströmt, werden Sie die natürliche Fähigkeit entdecken, dem spirituellen „Tod“ oder der Auflösung Ihres Gefühls, ein getrenntes Ich zu sein, stattzugeben und sich in die Freiheit der Unendlichkeit fallen zu lassen. Anstatt sich weiterhin an sich selbst festzuklammern, werden Sie sich voller in das Bewusstsein gleiten lassen, das Sie in Wirklichkeit sind, und dabei das große Eine, Grenzenlose erkennen, das jetzt durch Sie lebt und nichts anderes ist als Sie. Aber es braucht Mut, das Gefühl loszulassen, ein separates Individuum zu sein. Und dieser Mut steht Ihnen nicht zur Verfügung, wenn Sie sich nicht einmal trauen, in der sexuellen Liebe das Gefühl des Getrenntseins zwischen sich und Ihrer Partnerin loszulassen.

Um Ihre Partnerin beim Liebesakt wirklich leidenschaftlich zu überwältigen, müssen Sie sich in der vertrauensvollen Verehrung ihres Herzens ergeben: Es ist in Wahrheit Ihr eigenes Herz. Eine derartige Furchtlosigkeit ist die Vorbereitung auf – und vielleicht die Initiation in – die vertrauensvolle Verehrung des Bewusstseins selbst, sodass Sie immer fähiger werden, sich in das unendliche Eine fallen zu lassen, das Sie wirklich sind.

37
Sie will den „Killer“ in Ihnen

Neben vielen anderen Dingen will eine Frau den „Killer“ in ihrem Mann. Es widert sie an, wenn ihr Mann sich fürchtet und von ihr verlangt, die Küchenschabe oder die Maus umzubringen, während er auf einem Stuhl steht und zuschaut. Es widert sie an, wenn er sie nachts aus dem Bett schickt, damit sie die merkwürdigen Geräusche im Haus überprüft und feststellt, ob vielleicht ein Dieb eingestiegen ist. Furchtlosigkeit oder die Fähigkeit, seine Todesangst im Dienste der Liebe zu überwinden, ist der quintessenzielle Ausdruck der höchsten männlichen Gabe.

Obwohl Ihre Partnerin nicht will, dass Sie zum Mörder werden, findet Sie Ihre Fähigkeit zu töten erregend. Fehlt Ihnen diese Fähigkeit, raubt ihr das die Lust. Stellen Sie sich vor, eine riesige Küchenschabe krabbelt in Ihr Wohnzimmer. Sie springen auf das Sofa und schreien Ihrer Partnerin zu: „Bring sie um, bitte, bring sie um!“ Das wird wahrscheinlich nicht ihre Lust wecken.

Oder stellen Sie sich vor, Sie liegen nachts mit Ihrer Partnerin im Bett und vernehmen plötzlich merkwürdige Geräusche aus der Küche. Sie haben Angst. Also bitten Sie Ihre Partnerin, ins Erdgeschoss hinabzugehen und nachzusehen. Sie wird nicht gerade entzückt von Ihrer männlichen Tapferkeit sein.

In beiden Fällen wird Ihre Partnerin Ihre Angst spüren. Sie will nicht, dass Sie zum Mörder werden, aber sie will Ihre Fähigkeit spüren, wenn es nötig wäre, selbst dem Tod ins Gesicht zu sehen. Sie will tatsächlich, dass Sie fähig zum Mord sind – wenn nötig. Wenn ein verrückter Gewaltverbrecher in Ihr Haus einbricht und versucht, Ihre Kinder umzubringen, wäre Ihre Partnerin nicht allzu glücklich, wenn Sie sagten: „Okay, Sie Wahnsinniger, tun Sie einfach, wozu Sie Lust haben", anstatt in Aktion zu treten.

Die dunkle männliche Energie des Kriegers, der dem Tod begegnen und, wenn nötig, morden kann, ist ein wichtiger Teil von Ihnen. Heute ist es üblich, die dunkle maskuline und die dunkle feminine Seite gleichermaßen zu unterdrücken, was uns eine breite Masse aus hasenfüßigen Männern und wohlerzogenen Frauen beschert. Aber hinter der netten Fassade der meisten Frauen verbirgt sich die zornige Göttin, bereit, jedem mittelmäßigen „Schlappschwanz" den Kopf abzuschlagen. Und hinter dem geduldigen Lächeln der meisten Männer verbirgt sich der Krieger der Liebe, bereit, seine Partnerin mit wilder Kraft in die Glückseligkeit zu transportieren, anstatt ihrem sinnlosen emotionalen Geplapper zuzuhören.

Aber die dunkle maskuline Energie wird in der heutigen Zeit so sorgfältig unterdrückt, dass der Durchschnittsmann sein gelangweiltes Gesicht lieber hinter einem falschen Lächeln verbirgt, als die Gereiztheit seiner Partnerin mit kompromissloser Liebe zu durchdringen. Dieselbe Vorsicht lässt er walten, wenn es darum geht, sein wohl geplantes, bequemes und sicheres Leben zu unterbrechen, um seine eigene Todesangst zu durchdringen.

Obwohl sich Ihre Partnerin zuerst dagegen wehren mag, will Sie – falls sie eine feminine Essenz hat – Ihre Furchtlosigkeit spüren. Sie will Ihre Fähigkeit spüren, sich angesichts ihrer Verschlossenheit, ihrer Wut und ihrer Anspannung zu behaupten, ohne zu versuchen, ihre weibliche Macht herabzusetzen. Sie will die Beharrlichkeit Ihrer Liebe spüren, die auch ihrem Zorn standhält. Sie will Ihre Fähigkeit spüren, kraftvoll zu Ihrem eigenen Verlangen zu stehen und sie zu überwältigen, weil Sie sie lieben ohne Angst vor ihrer dunklen Energie.

Sie will diese dunkle männliche Fähigkeit nicht nur spüren, weil sie überwältigt werden will, sondern als Zeichen Ihrer Fähigkeit, den Tod zu kennen und ihm nicht auszuweichen, Ihren eigenen ebenso wie den der anderen. Diese Fähigkeit macht Sie vertrauenswürdig als Mann –

als menschlicher und gleichzeitig spiritueller Krieger. Das Wissen um den Tod verleiht Ihnen Demut und Courage. Das Wissen um den Tod befreit Ihr Herz von seinem Panzer und lässt das Wissen um die Liebe zu. Dieses Wissen um Tod und Liebe ist die Pforte zu dem Weg, der durch Ihre eigenen Ängste und Ihr Festklammern an der Sicherheit hindurch in das unbegreifliche Mysterium führt, das jenseits Ihrer kleinen Zelle aus Selbstschutz und Wichtigkeit liegt.

Das Verlangen Ihrer Partnerin, in der Liebe Ihre dunkle Seite zu erfahren, ist ein Geschenk für Sie. Wenn Sie ihr Verlangen würdigen, indem Sie Ihre dunkle und furchlose Liebe kultivieren, schwindet Ihr Bedürfnis nach Selbstschutz und jeder Augenblick wird nackter, verletzlicher und wahrer, befreit von Ihrem Bedürfnis nach Trost und falscher Selbstsicherheit. Anstatt Ihre gegenwärtige Erfahrung hinter einem Sicherheitsvorhang zu belächeln, der Sie davor schützt, sich auf das lebensbedrohliche Potenzial eines jeden Momentes einzulassen, werden Sie Ihren festen Standpunkt aufgeben und den gegenwärtigen Augenblick leidenschaftlich umarmen. Sie werden bis zu seinem Kern vordringen und entdecken, dass er nichts anderes ist als Sie selbst. Durch und durch und durch zu fühlen, ist Ihre einzige Freiheit.

Der „Killer", den Ihre Partnerin will, weiß, dass das Leben ein Sterbeprozess ist, der ihn zu dem bringt, was nicht verloren werden kann. Wenn Sie sich dem möglichen Einbrecher in der Nacht entgegenstellen, beweist das Ihrer Partnerin nur, dass Sie bereit sind, alles für die Liebe zu wagen.

38
Sie braucht Ihr Bewusstsein als Gegenpol zu ihrer Energie

Ein Mann muss in der Lage sein, seiner Partnerin mit einem Bewusstsein zu begegnen, das ihrer Energie ebenbürtig ist. Die weibliche Zerstörerin muss auf den männlichen Zerstörer treffen. Die Göttin der Hingabe muss auf den Gott der alles durchdringenden Liebe treffen. Wenn ein Mann in irgendeinem hellen oder dunklen Anteil seiner Möglichkeiten stecken bleibt oder vor ihm ausweicht, wird seine Partnerin ihn testen. Die Gebiete, die auf diese Weise getestet werden, liegen zunächst auf der dunklen Seite. Erst wenn an diesen Stellen Vertrauen etabliert ist, erst wenn die dunkle weibliche Geliebte weiß, dass ihr der dunkle männliche Geliebte standhält, wird auch das Helle getestet.

Wie Sie wahrscheinlich wissen, kann Ihre Partnerin eine Hexe sein, eine Sexsklavin, eine Amazone, eine Lichtgöttin, eine nährende Mutter, eine Dämonin, eine sinnliche Liebhaberin, eine weise Lehrerin, eine wilde Bestie und alles dazwischen. Sie können davon ausgehen, dass sie immer wieder genau die Energie zeigen wird, der Sie nicht gewachsen sind.

Wenn Sie sich zum Beispiel besonders über ihre Wut ärgern, scheint sie immer wieder wütend zu werden. Fehlt Ihnen die Fähigkeit, ihre Wut mit der Wildheit Ihrer Liebe zu umarmen und in Leidenschaft zu verwandeln, wird sie genau diese Fähigkeit unablässig auf die Probe stellen. Jede ihrer Energien, die Sie nicht mit der Kraft, der Klarheit und dem Humor Ihres Bewusstseins in Liebe verwandeln können, wird immer wieder auf Sie zurückfallen.

Vielleicht ist sie oft gereizt und biestig. Sie haben unzählige Male versucht, mit ihr darüber zu sprechen. Nichts scheint zu fruchten. Also geben Sie auf. Sie lernen, ihre gereizte Stimmung zu dulden.

Ohne bewusst zu planen, gereizt zu sein, wird Ihre Partnerin Sie immer wieder auf die Probe stellen. Bis Ihr Bewusstsein in der Lage ist, Ihre Partnerin über ihre Gereiztheit hinwegzutragen, werden Sie geprüft werden. Ein unbedeutender Mann könnte zu dem Schluss kommen: „Na, dann muss sie eben selbst damit klarkommen." Aber sie hätte keine Beziehung mit Ihnen, wenn sie selbst damit klarkommen wollte. Sie will Ihr Bewusstsein – klar, stark und frei – ebenso sehr, wie Sie ihr Strahlen wollen. Wenn Sie ihre Stimmungen nicht durchdringen, kann Ihre Partnerin ihr freies Bewusstsein nicht spüren. Stattdessen spürt sie Ihr Schulterzucken, Ihre Machtlosigkeit angesichts ihrer Energie.

Das Geheimnis besteht darin, ihre Energie mit Bewusstsein zu kontern, das sich *durch Ihren Körper* ausdrückt. Wenn sie schreit und das Geschirr zerschlägt, muss Ihr Körper ihrer Energie entgegentreten. Die Furchtlosigkeit und die Kraft Ihrer Liebe müssen sich in Ihrem Körper manifestieren. Wenn Sie zusammenzucken und ihr mit gepresster Stimme Ihre Liebe versichern, wird Sie Ihnen nicht glauben. Wenn Sie auf sie zugehen, sie in den Arm nehmen und angesichts der Komik des Augenblicks liebevoll lachen, wird Sie Ihre Freiheit spüren, wenn diese echt ist. Sie spürt sie, weil sie sich durch Ihren Körper ausdrückt.

Ihr Körper, Ihre Stimme und der Ausdruck in Ihren Augen bedeuten ihr so viel mehr als jedes Wort. Sagen Sie ihr nicht, was sie tun soll, sondern tun Sie es mit ihr, und zwar mit Ihrem Körper. Wenn sie gereizt und verschlossen ist, heben Sie ihr die Arme über den Kopf und küssen Sie ihr Herz. Sagen Sie nicht einfach, sie solle offener sein, sondern übernehmen Sie das für sie: Öffnen Sie sie mit der Offenheit Ihres Körpers.

Dasselbe gilt für die glückseligen Momente Ihrer Partnerin: Sie müssen ihnen körperlich begegnen. Wenn sie sich in den ekstatischen Qualen der verehrungsvollen Hingabe an die göttliche Liebe windet, muss Ihr Bewusstsein ebenso frei sein. Ihr Körper muss dem ihrer Partnerin voller Entspannung, Macht und Vertrauen begegnen. Ihre Fähigkeit, sich durch Ihre Ängste hindurch hinzugeben und Ihr Gefühl eines getrennten Selbst in der göttlichen Vereinigung aufzulösen, muss ebenso stark sein wie die Hingabe Ihrer Partnerin an die Liebe. Und Sie müssen diese mit Ihrem Körper ausdrücken, nicht nur mit Worten.

Wenn Ihre Hingabe an die Vereinigung nicht so bedingungslos ist wie die Ihrer Partnerin, wird sie direkt auf Ihre Furcht, Ihre Schwachstelle zusteuern und Sie dort auf die Probe stellen. Stellt sie Ihre finanzielle Kompetenz in Frage und Sie reagieren mit Hilflosigkeit oder Ablehnung, wird sie Ihnen auch weiterhin misstrauen. Stellt sie Ihre sexuelle Kompetenz in Frage und Sie reagieren mit Schwäche, wird sie auch weiterhin an Ihnen zweifeln, offen oder insgeheim.

Sie wird Ihren „helleren" männlichen Fähigkeiten nie vertrauen, bevor Sie nicht Ihre „dunkleren" männlichen Fähigkeiten bewiesen haben. Ihre Partnerin weiß intuitiv, wie es um Ihr Bewusstsein bestellt ist. Sie weiß, wenn Sie nicht frei genug sind, der Energie ihrer dunklen Zerstörerin zu begegnen und sie in Liebe zu überwältigen, dann sind Sie auch nicht frei, der dunklen Weltzerstörerin, die Ihre spirituelle Freiheit auf den Prüfstein legt, mit Kraft und Liebe zu begegnen.

Sie brauchen sich nicht damit abzugeben, etwas Ihrer Partnerin zuliebe zu tun. Darum geht es nicht. Sie bietet Ihnen ein Geschenk an. Mit ihren Stimmungen und Emotionen stellt sie Ihnen eine Energie zur Verfügung und bietet Ihnen die Gelegenheit, zu lernen, diese Energie mit Ihrer furchtlosen Liebe zu „meistern". Mit welcher Energie sie Sie auch konfrontiert – Sie können sicher sein, dass die Welt Sie mit derselben Energie konfrontiert. Wenn Sie einmal versucht haben, Ihr Einkommen zu vermehren oder Ihre spirituelle Klarheit zu vergrößern, wissen Sie, dass die Welt Sie testen wird. Nur anhand Ihrer Beharrlichkeit, Ihrer Furchtlosigkeit und Ihres liebevollen Dienens unterwirft sich die Welt Ihren Bemühungen.

Dasselbe gilt für Ihre Partnerin. Sie versuchen nicht, es ihr recht zu machen, sondern lernen, die Welt mit Bewusstsein und Liebe zu durchdringen, und das schließt sie mit ein. Das ist es, wofür Sie hier sind.

Die Welt wird Sie beispielsweise in finanzieller und spiritueller Hinsicht mit denselben dunklen, wilden und widerspenstigen Energien testen, wie Ihre Partnerin es in emotionaler Hinsicht tut. Wenn Sie Ihre tiefsten Gaben aus Angst vor ihr verbergen, werden Sie diese Gaben auch aus Angst vor der Welt verbergen. Wenn Sie an irgendeinem Punkt bei Ihrer Partnerin klein beigeben, werden Sie Ihre Gaben auch der Welt nur beschränkt schenken.

Ihre Partnerin kennt Ihre Schwächen besser als irgendjemand sonst. Sie weiß, an welcher Stelle Sie stolpern und aufgeben werden. Sie weiß, mit wie viel Mittelmäßigkeit Sie sich zufrieden geben. Und sie kennt Ihr wahres Potenzial als vollständiger Mann, ein Mann des freien Bewusstseins und der Liebe. Ihre Gabe, wenn sie eine gute Frau ist, besteht darin, Sie mit ihren dunkelsten Launen wieder und wieder auf die Probe zu stellen, bis Ihr Bewusstsein von der femininen Herausforderung nicht mehr getrübt werden kann und Sie fähig sind, sie mit Ihrer Liebe ebenso zu durchdringen wie Sie die Welt durchdringen müssen. In Reaktion auf Ihr furchtloses Bewusstsein wird sie Ihre Welt mit Liebe und Licht durchfluten.

TEIL 6

Weibliche Anziehungskraft

39
Das Feminine ist im Überfluss vorhanden

Es gibt niemals einen Mangel an Frauen oder an weiblicher Energie. Wenn ein Mann das Gefühl hat, es gäbe nicht genug Frauen oder das Leben schenke ihm nicht, was er sich wünscht, leugnet er einfach seine Beziehung zum Femininen. Dieses Hungergefühl – „das Leben gibt mir nichts" oder „es gibt keine guten Frauen" – wurzelt für gewöhnlich in der frühkindlichen Beziehung eines Mannes zu seiner Mutter. Das Leben selbst ist das Feminine. Es gibt nie zu wenig feminine Energie, nur den Widerstand, sie zu empfangen, ihr zu vertrauen und sie zu umarmen.

Nur wenn Sie sich der femininen Energie buchstäblich verweigern, werden Sie sich müde, ausgetrocknet und hungrig nach einer Frau fühlen. Sie leben schon jetzt in einem Ozean aus femininer Energie. Feminine Energie erfüllt Ihren Körper mit Leben, macht, dass Ihr Herz schlägt und Ihre Lungen atmen. Sie sind von Frauen umgeben, die nach der richtigen Einführung in die gegenseitige, hingebungsvolle Liebe jede Zelle Ihres Körpers mit erfrischender, belebender, verjüngender femininer Energie nähren würden. Wenn es Ihnen vorkommt, als wären Sie auf Ihrer eigenen maskulinen Insel des Überdrusses und Hungers gestrandet, liegt das nur an Ihrer Weigerung, die Energien und Frauen in Ihrem Umfeld zu umarmen.

Immer, wenn Sie sich isoliert und erschöpft fühlen, spüren Sie den gegenwärtigen Augenblick, als wäre er eine Frau. Fühlen Sie sich, als umarmten Sie körperlich eine Frau. Spüren Sie die Vorderseite Ihres Körpers, als sei sie an den nackten Körper einer Frau gepresst, erfüllt von dem Entzücken für ihre feminine Weichheit und Lebendigkeit. Spüren Sie, wie sich ihre Brüste und ihr Bauch an Sie drücken. Atmen Sie tief ein, als würden Sie von ihrem betörenden Duft erfüllt. Und nehmen Sie beim Einatmen nicht nur Ihren Duft, sondern die reine Essenz weiblicher Köstlichkeit in sich auf, als wäre sie Nahrung für Ihre männliche Seele.

Entspannen Sie Ihren Körper und spüren Sie den Ozean aus femininer Energie um sich herum. Spüren Sie Ihre Umgebung, als wäre sie ihre Form, hören Sie die Geräusche als ihr Stöhnen und sehen Sie das Licht als ihr Lächeln. Entspannen Sie sich mit diesem Augenblick, wie Sie sich mit Ihrer Geliebten entspannen würden, nicht metaphorisch, sondern buchstäblich, körperlich, mit voller Absicht und Präsenz.

Tun Sie dasselbe in der Gegenwart realer Frauen. Spüren Sie sie nicht nur als Freundinnen, Mitarbeiterinnen oder Schwestern, sondern als wandelnde Segnungen aus Energie. Empfangen Sie ihren Zorn als einen Blitzschlag aufweckender Energie. Empfangen Sie ihre sexuellen Reize als ein belebendes Geschenk. Empfangen Sie ihre Freude als leichte, erfrischende Dusche, selbst wenn Sie sich deprimiert fühlen. Öffnen sie Ihren Atem und Ihren Körper und empfangen Sie die einzigartige Würze der femininen Energie einer jeden Frau, sodass Ihr Leben zu einem Fest der Fülle wird.

Die Frauen, denen Sie im Laufe des Tages begegnen, brauchen nicht zu merken, dass Sie irgendetwas Besonderes tun. Behandeln Sie sie weiterhin auf eine Weise, die der jeweiligen Situation entspricht. Aber entspannen Sie sich dabei und genießen Sie die Fülle femininer Energie, die Sie umgibt, in Form von realen Frauen und in Form des Augenblicks, den Sie teilen.

40
Gestehen Sie älteren Frauen ihren Zauber zu

Männer sollten ältere Frauen in ihrer Weisheit, ihrer Macht und ihren intuitiven Heilfähigkeiten unterstützen. Männer sollten ältere Frauen nicht dadurch herabsetzen, dass sie von ihnen verlangen und sich wünschen, sie wären wie jüngere Frauen. Solche Vergleiche sollte man nicht anstellen. Jedes Alter einer Frau hat seinen eignen Wert und der Übergang vom oberflächlichen Glanz zum tiefen Leuchten ist unvermeidlich.

Aus vielen Gründen – biologischen bis spirituellen – üben junge Frauen wahrscheinlich eine größere sexuelle Anziehung auf Sie aus als ältere. Auf der Straße oder am Strand drehen Sie sich wahrscheinlich eher nach einer 20-jährigen Frau um als nach einer 60-jährigen. Das ist ganz natürlich.

Aber weibliche Energie hat mehr zu bieten als das. Die Anziehungskraft junger Frauen ist ein vorübergehender Aspekt einer viel tieferen, grundlegenden weiblichen Energiequalität: dem Strahlen. Das weibliche Strahlen beschränkt sich nicht auf die glühenden Wangen einer jungen Frau oder den Schmelz ihrer Haut, es ist das Leuchten der Lebenskraft selbst. Das wahre Strahlen einer Frau kündet vom Ausmaß ihrer Offenheit, ihres Vertrauens, ihrer Verbundenheit und ihrer Liebe. Ihre Liebesfähigkeit ermöglicht es ihrem Körper, von der Lebenskraft selbst bewegt zu werden. Darin liegt das wahre Wesen des weiblichen Strahlens und der weiblichen Macht jenseits der simplen sexuellen Anziehungskraft einer naiven jungen Frau.

In jungen Jahren ist der Körper einer Frau durchlässiger für die Lebenskraft und sie wirkt im Allgemeinen strahlender als eine ältere Frau. Aber selbst unter jungen Frauen gibt es manche, die nur äußerlich gesehen hübsch sind und andere, deren Schönheit aus der Tiefe kommt. Wird eine Frau älter, verliert ihre Haut die jugendliche Fähigkeit, Lebenskraft auszustrahlen. Dann ist ihre feminine Ausstrahlung hauptsächlich als eine Schönheit erkennbar, die aus der Tiefe leuchtet.

Tatsächlich ist es diese tiefe Schönheit, die Sie selbst in jungen Frauen besonders anziehend finden. Es gibt einen Unterschied zwischen Ihrer instinktiven Bauchreaktion auf ein hübsches Ding und der aufrichtigen Ehrfurcht, dem wortlosen Entzücken, das Sie in Gegenwart einer Frau verspüren, die sich mit weiblicher Energie bewegt, sie atmet, lächelt und ausstrahlt. Wenn Sie einer solchen Frau in die Augen sehen, spüren Sie ihr Mitgefühl, ihre Liebe und ihr Geheimnis – so tief, dass es Ihnen fast den Atem nimmt. Diese tiefe feminine Schönheit, dieses Strahlen muss durch das Alter nicht gemindert werden. Tatsächlich wird es oft noch stärker, tiefer und herrlicher.

Wenn Sie von Ihrem tiefen männlichen Wesenskern, Ihrem Lebensziel und Ihrem Bewusstsein abgeschnitten sind, dann sind Sie auch von der weiblichen Tiefe einer Frau abgeschnitten. Sie sehen nur ihr Äußeres und werden von der oberflächlichen Zurschaustellung ihrer Reize angezogen, die mit den Jahren oft vergehen. Ohne sich dessen bewusst zu sein, missachten Sie auf diese Weise die wahren und tiefen Formen weiblichen Strahlens und tragen damit zu dem Jugendkult unserer Gesellschaft bei, unter dessen Einfluss Frauen versuchen, jünger auszusehen und sich jünger – und oberflächlicher – zu geben als sie sind, und damit die Macht und das Strahlen zu verleugnen, das ihren eigenen Tiefen entspringt.

Die natürliche sexuelle Ausstrahlung einer jungen Frau wird Sie immer mit Energie erfüllen. Das müssen Sie nie leugnen. Aber die Ehrfurcht gebietende Schönheit und strahlende Heiterkeit einer tiefgründigen Frau kann Ihnen die Sinne rauben, das Herz weiten und den Körper mit dem Geheimnis weiblicher Grazie umhüllen – alles in einem einzigen Moment, mit einem einzigen Blick, einer einzigen Berührung – unabhängig davon, wie alt ihr Körper ist. Und in einer

Beziehung mit einer solchen Frau kann das Entzücken, das durch Ihre Verbindung zum Schwingen kommt, grenzenlos sein. Beide sind Segnungen: die grenzenlose weibliche Liebes-Ausstrahlung ebenso wie die vorübergehende sexuelle Anziehungskraft. Sie müssen sich jeden Augenblick, jedes Jahr entscheiden, welche Eigenschaften Sie mit Ihrer Aufmerksamkeit, Ihrem Lob und Ihrer Vereinigung wachrufen und verehren wollen.

Wenn eine Frau in Weisheit altert, gewinnt sie an „psychischem Gewicht". Sie wird zu einer „gewichtigen" Frau, die ihre Umgebung mit einer kraftvolleren Magie beeinflussen kann als eine weniger entwickelte Frau. Sie kann die Zeichen der Natur genauer entziffern und das, was geschieht, auf beinahe erschreckende Weise lenken. Ein höher entwickelter Mann ehrt und schätzt diese Art Magie und weiß, dass sie seinen männlichen Handlungsstil ergänzt.

Eine ältere Frau duldet auch weniger Schwachsinn als eine junge. Obwohl das ein Grund sein mag, warum Sie jüngere Frauen vorziehen, müssen Sie Prioritäten setzen. Wenn Sie sich von jüngeren Frauen angezogen fühlen, passen Sie auf, dass Sie nicht versuchen, eine einfache Beziehung zu finden, in der Sie sich gehen lassen können. Wenn es Ihr Ziel ist, sich immer mehr von Ihren inneren Lasten zu befreien und Ihre wahre Gabe in die Welt zu bringen, dann könnte eine spirituell reife Frau, die Ihnen Ihre bequemen Sicherheiten und Ablenkungen nicht durchgehen lässt, eine hervorragende Weggefährtin für Sie sein.

41
Verwandeln Sie Ihre Lust in Geschenke

Für einen Mann, der eine schöne Frau sieht, ist es ganz natürlich, Energie in seinem Körper zu spüren, die er normalerweise als sexuelles Verlangen interpretiert. Anstatt diese Energie mit Gedanken und Fantasien zu zerstreuen, sollte ein Mann lernen, seine erhöhte Energie kreisen zu lassen. Er sollte tief atmen und die Energie voll durch seinen Körper strömen lassen. Er sollte diese erhöhte Energie als ein Geschenk betrachten, das seinen Körper heilen und verjüngen kann und durch sein Geben auch die Welt heilt. Mithilfe dieser Möglichkeiten verwandelt er sein Begehren in Herzensfülle. Seine Lust wird zum Dienen. Sein Verlangen wird nicht umgewandelt, indem er die sexuelle Anziehungskraft leugnet, sondern indem er sie vollständig genießt, durch seinen Körper kreisen lässt, ohne sie als mentale Fantasie stagnieren zu lassen, und sie dann durch sein Herz an die Welt zurückgibt.

Wenn Sie wie die meisten Männer sind, sammelt sich Ihre sexuelle Energie direkt an einem von zwei Orten: Entweder Ihr Kopf wird angeregt und Sie fantasieren über das Zusammensein mit einer Frau, die Sie erregt, oder in Ihren Genitalien werden lustvolle Bedürfnisse wach. Ein überlegener Mann lässt diese Erregungsenergie in seinem Körper kreisen, wobei er besonders darauf achtet, sie nicht in geschwollenen Fantasien oder geschwollenen Körperteilen stagnieren zu lassen.

Der Zweck eines jeden sexuellen Verlangens ist das Schöpferische. Die Fortpflanzung ist einfach nur der biologische Aspekt des Kreativen. Als Mann haben Sie der Welt wahrscheinlich mehr zu geben als nur die Kinder, die Sie zeugen. Schöne Frauen inspirieren nicht allein zur biologischen Fortpflanzung, sondern ebenso zu künstlerischer, sozialer und spiritueller Kreativität. Wenn man genauer nachfragt, werden die meisten kreativen Männer zugeben, dass Ihnen die Frauen auf die eine oder andere Weise als Muse und Inspiration dienen. Manche würden sogar so weit gehen zu sagen, dass sie kein großes Interesse an der Welt hätten, wenn es in ihr keine Frauen gäbe.

Wenn Sie ein Mann sind, sind Sie sicher irgendwann schon einmal von einer Frau inspiriert worden. Eine solche Inspiration geht normalerweise wieder vorüber, weil die meisten Männer nicht wissen, wie sie ihre Beziehung zum Weiblichen pflegen könnten. Wenn sie inspiriert werden, neigen sie dazu, die Energie sofort mithilfe von Gedankenblitzen oder Orgasmen herauszuspritzen. Dann suchen Sie nach neuen Inspirationen durch weitere Frauen oder andere feminine Quellen wie Alkohol, Drogen oder die Natur.

Wenn Sie jedoch lernen, den gewohnheitsmäßigen Auf- und Abbau mentaler und sexueller Spannung zu disziplinieren, können Sie Ihre Inspiration fortlaufend pflegen und vergrößern. Sie können sich die Sucht erzeugenden Zyklen der Sexualität und des Rausches abgewöhnen. Sie können die natürliche Macht Ihres sexuellen Verlangens für Ihre Partnerin und andere Frauen nutzen, und Ihre Tendenz zu Fantasien und Wollust in die Kraft der Inspiration verwandeln.

Spüren Sie Ihre Lust. Fühlen Sie, was sie wirklich ist, in ihrer Gesamtheit. In Ihrer Lust zeigt sich Ihr wahres Verlangen, sich mit einer Frau zu vereinigen, so tief wie möglich in sie einzudringen, ihr exquisites Licht als leuchtende Nahrung für Ihre männliche Seele zu empfangen und ihr alles zu geben, was Sie sind, und sich im Geben zu verlieren, sodass Sie beide in der Explosion Ihrer Gaben über sich selbst hinaus befreit werden.

Diese Explosion des Gebens könnte zur Basis Ihres Lebens werden und muss sich nicht auf einen Augenblick sexuellen Nachgebens beschränken. Wenn Sie sexuelle Lust oder das Verlangen nach irgendeiner

Frau verspüren, atmen Sie tief durch und lassen Sie das Gefühl stärker werden. Und noch stärker. Lassen Sie nicht zu, dass sich die Energie in Ihrem Kopf oder Ihren Genitalien einnistet, sondern lassen Sie sie durch Ihren Körper kreisen. Nutzen Sie Ihren Atem als Instrument der Zirkulation und tränken Sie jede Zelle mit der stimulierten Energie. Atmen Sie in Ihr Herz und fühlen Sie dann vom Herzen aus in die Welt hinein, als wäre sie Ihre Geliebte. Bewegen Sie sich beim Ausatmen in die Welt hinein, durchdringen Sie sie, geschickt und spontan, und öffnen Sie sie für die Liebe. Auf diese Weise können Sie die sexuelle Anziehungskraft der Frauen nutzen, um Ihre eigenen Gaben zu entdecken und zu verschenken, anstatt sich von ihnen in einen Kreislauf der Erregung und der Entleerung ziehen zu lassen.

42
Lassen Sie Ihr Verlangen nie unterdrücken oder neutralisieren

Wenn ein Mann sein Verlangen nach dem Weiblichen leugnet – freiwillig oder aufgrund von zu großer Vertrautheit – lässt das auch auf eine entpolarisierte, neutrale Haltung gegenüber der Welt schließen. Dann sucht er sich vielleicht eine Geliebte, die ihm neue Kraft gibt, doch das ist meistens nur eine vorübergehende und komplizierte Lösung: Über kurz oder lang wird ihm auch seine Geliebte zu vertraut und somit langweilig. Eine Frau spürt es, wenn ihr Partner aus der Polarität fällt – sie fühlt seine Zurückweisung, seinen Ekel und seine Abwendung von ihr. Im Gegenzug wird sie zornig und zerstörerisch. Ihre Energie findet kein männliches Gegenüber und wird deshalb chaotisch, sogar selbstdestruktiv. Es gibt für den Mann keine Entschuldigung; er muss eine polarisierte Beziehung zu seiner Frau und seiner Welt pflegen, wenn er mit ihnen in Verbindung bleiben will.

Sie haben die Wahl. Sie können Ihre Gaben entweder als Mönch im Zölibat geben, ohne große Berührungspunkte mit der Welt und den Frauen, oder Sie können sich voll auf die Welt und die Frauen einlassen. Doch dann müssen Sie beiden gegenüber eine gewisse Polarität oder gegenseitige Anziehungskraft wahren. Sonst werden Sie die Welt und die Frauen bald ablehnen, abwehren und Abneigung für sie empfingen, und das untergräbt Ihre Fähigkeit, Ihre Gaben zu verschenken.

Sie kennen sicher den Gesichtsausdruck Ihrer Frau, wenn Sie einmal an dem Punkt waren, an dem Sie sie nur noch „ertragen" haben, anstatt sie mit Liebe zu durchdringen: Sie wirkt ausgezehrt und angespannt. Ihr langes Gesicht kündet von einem Herzen und einem Körper, die nicht länger von der Klarheit und der Kraft Ihrer männlichen Liebe mitgerissen werden. Sie scheint nie mehr wirklich glücklich zu sein.

Schließlich kehrt sich ihr Ärger nach innen und körperliche Krankheitssymptome tauchen auf. Ihre Haut scheint vor Ihren Augen zu zerfallen. Ihr Geruch ist Ihnen zuwider. Je mehr sich ihre Frustration und ihre Negativität entwickeln, desto weniger anziehend finden Sie sie, und das entzieht ihr sogar die normale menschliche Zuneigung der anderen. Wenn die Dinge wirklich schlimm werden, erscheint sie so dunkel und hässlich, dass Sie sich abgestoßen fühlen, und Ihre vollständige Abwendung lässt ihren innersten Kern verdorren. Sie bleiben vielleicht zusammen, weil Sie einander lieben, sind jedoch beide vollkommen entpolarisiert und voneinander mehr angewidert als erregt.

In solchen Phasen verspüren Sie wahrscheinlich dieselbe Missachtung gegenüber der Welt, und es kann sein, dass Sie mit der Zeit das Interesse an Ihren Projekten und Ihrer Karriere verlieren. Dann denken Sie vielleicht daran, Ihren Job zu wechseln oder eine neue Frau zu suchen. Das Neue erscheint Ihnen attraktiver und interessanter als Ihre ausgelaugte Frau und Ihre eingeschlafene Karriere.

Und Sie haben recht. Eine neue Frau und ein neuer Job würden Sie anregen und aufmuntern. Ein mittelmäßiger Mann wird genau das tun: Er bleibt derselben Frau und demselben Projekt so lange treu, wie sie ihn interessieren und erregen. Wenn die Erregung nachzulassen scheint, geht er zur nächsten – und zur nächsten – möglichen Quelle der Polarität und der Erregung weiter.

Nicht die Zeit vernichtet Ihre Begeisterung füreinander, sondern zu große Vertrautheit, Neutralisierung und mangelnde Zielgerichtetheit. Ein anderer Mann kann Ihre Partnerin sehr aufregend finden, obwohl sie Ihnen wie ein alter Schuh vorkommt. Vielleicht ist nicht Ihre Frau ausgelaugt, sondern Ihre eigene Fähigkeit, Verlangen zu empfinden. Es kann sein, dass Sie so wenig wie möglich mit ihr zu tun haben wollen. Aber Ihr Mangel an Verlangen ist halt nur das: ein Mangel an Verlangen. Sie haben so viel Zeit mit Ihrer Partnerin verbracht, dass die Spannung zwischen Ihnen so flach geworden ist wie bei zwei Magneten, die sich gegenseitig entpolarisiert haben. Zu viel Vertrautheit vernichtet die Polarität, und ohne Polarität wächst die Verachtung zwischen Liebenden.

Jedes Mal, wenn Sie Ihre Partnerin nur als Kindermädchen oder Kumpel sehen, neutralisieren Sie dieselben sexuellen Unterschiede, die Sie bei Ihrem weiblichen Babysitter oder Ihrer Geschäftspartnerin so anziehen. Mit der Zeit verhalten Sie sich Ihrer Partnerin gegenüber neutraler als gegenüber jeder anderen Frau, der Sie im Laufe des Tages begegnen.

Es kann gut sein, dass Ihre Partnerin sensibler auf die männlich-weibliche Energiebalance reagiert als Sie. Wahrscheinlich bemerkt sie die Auswirkungen dieser sexuellen Neutralisierung oder Entpolarisierung eher als Sie. Und wenn das geschieht, hat sie als Erste das Gefühl, abgelehnt zu werden – nicht massiv, aber auf subtile, anhaltende Weise, die ihr weibliches Strahlen untergräbt. Selbst wenn sie leuchtet, behandeln Sie sie mit größerer sexueller Neutralität als irgendeine Frau in der U-Bahn. Sie fühlt sich verletzt und ihr Strahlen verdunkelt sich – und Sie werden sogar noch weniger von ihr angezogen.

Obwohl Sie beide zu dieser Abwärtsspirale, dieser Verdunkelung der Polarität beitragen, dürfen Sie nicht ihr die Schuld geben. Ein überlegner Mann übernimmt stets die volle Verantwortung, obwohl er weiß, dass er letztlich nicht die Kontrolle hat und alles von selbst geschieht. Er handelt mit makelloser Courage und Beharrlichkeit und erwartet nichts außer dem inhärenten Gefühl der Vollständigkeit, das er genießen darf, wenn er seine Gabe voll und ganz gibt.

Wenn Ihre Partnerin zurückgezogen, dunkel oder geradezu hässlich aussieht, betrachten Sie sie einfach als eine Göttin, die im Herzen und im Körper von Ihrer göttlichen Energie durchdrungen werden will. Achten Sie auf Ihr beginnendes Gefühl des Ekels für ihre dunklen Launen und übernehmen Sie die volle Verantwortung für ihre Verwandlung. Sie wissen, mit welcher Totalität Sie sich zum Beispiel dem Abschluss eines beruflichen Projektes widmen können. Behandeln Sie

Ihre Partnerin mit derselben entschlossenen Zielgerichtetheit. Ihre Stimmungen sind Ihre Herausforderung.

Können Sie ihren Körper und ihr Herz mit so viel Liebe und Humor bestürmen, dass sie unwillkürlich lacht, sich entspannt und heiter wird? Können Sie die Liebesgefährtin in ihr wachkitzeln, indem Sie ihr dieselben neckenden und sexuell bedeutsamen Berührungen und Blicke schenken wie einer Geliebten?

Sie werden das nicht wollen, so viel ist klar. Wenn Sie aus der Polarität gefallen sind, ist das Letzte, was Sie wollen, sich an dieser Kartoffel abzuarbeiten. Doch genau das tut ein überlegener Mann – mit seiner Partnerin ebenso wie mit seiner Welt. Er weiß, wenn die Dinge öde werden, trägt er selbst die Verantwortung. Er weiß, dass er nur wirklich glücklich ist, wenn er seine Gaben verschenkt, vollständig und bis zum letzten Tropfen. Er weiß, dass die Entpolarisierung ein Hinweis darauf ist, dass er sich nicht mehr voll eingebracht hat, und deshalb haben die Welt und seine Partnerin aufgehört, mit ihrer Fülle auf ihn zu reagieren.

Manchmal müssen Sie weitergehen – zu einer anderen Arbeit oder einer anderen Frau. Das ist in Ordnung, wenn Sie sich dabei wirklich weiterentwickeln, an Klarheit und Kraft gewinnen und die Veränderung Teil Ihres Gebens ist. Aber meistens taucht der Veränderungsimpuls auf, wenn Sie den Augenblick nicht länger mit Ihrer Fähigkeit, zu geben, durchdringen, sondern einfach weiterdröhnen und sich irgendwie durchschlagen, anstatt schöpferisch zu sein.

Sie können Jahrzehnte damit zubringen, sich in ihrem Job durchzuschlagen, bevor Sie erkennen, dass Sie eine Menge Lebenszeit vergeudet haben. Doch Ihre Partnerin zeigt ihnen schon nach wenigen Minuten der Halbherzigkeit, wie sehr es sie schmerzt. Ihr Gesicht wird es Ihnen zeigen. Ihre Stimme wird es enthüllen. Ihre scheinbare Hässlichkeit wird den Zusammenbruch ihres strahlenden Wesenskerns spiegeln, der auf Ihr unklares Verlangen reagiert. Die dunkle Stimmung Ihrer Partnerin wirkt ebenso hässlich und abstoßend auf Sie wie Ihre eigene Zwiespältigkeit auf Ihre Partnerin.

Es braucht nur einen Augenblick, in dem ein Mann vor einer echte Herausforderung steht – einen Notfall oder eine Bedrohung, die verlangen, dass er sein Bestes gibt – und schon verfolgt er wieder sein höchstes Ziel. Und es braucht nur einen Augenblick echter Wertschätzung oder tiefer Anerkennung, und schon wird das Strahlen Ihrer Partnerin wieder entfacht. Das kann im Supermarkt oder im Schwimmbad geschehen, wenn ein Mann ihr seine Wertschätzung signalisiert. Oder es kann am Küchentisch durch Sie geschehen.

Anstatt zu beschließen, weiterzugehen, weil Sie zu schwach sind, um Ihren Mangel an Verlangen zu überwinden, könnten Sie die Herausforderung annehmen, in der öden Welt oder mit Ihrer öden Frau die Liebe wieder zu beleben. Setzen Sie Körper und Verstand ein, um die Dunkelheit Ihrer Partnerin beiseite zu wischen und in Liebe zu verwandeln. Selbst wenn sie gelbe Augen und Reißzähne hat, liebt sie es immer noch zu tanzen. Es liegt an Ihrer Freiheit und der Kraft Ihres Gebens, ob sie Ihnen jegliche Energie raubt, Ihren albernen kleinen Kopf abbeißt oder sich von Ihrer furchtlosen Leidenschaft mitreißen lässt.

43
Lassen Sie sich von der Anziehungskraft Ihrer Partnerin über die Erscheinungen hinaustragen

Eine gute Frau ist für den Mann eine Quelle der Inspiration und der Anziehung in die Welt. Er darf jedoch nie vergessen, dass weder die Welt noch seine Partnerin das letztendliche Ziel seiner Existenz darstellen. Er muss immer üben, durch die Frau und die Welt hindurch ihre Quelle oder ihr wahres Wesen zu erfühlen, ohne dabei irgendetwas zu unterdrücken oder geringer zu achten. Die Anziehungskraft, die Frauen auf ihn ausüben, muss von einer Kraft, die ihn zu den Frauen hinzieht, in eine Kraft verwandelt werden, die ihn über die Frauen hinausträgt. Er muss sein Verlangen spüren, ohne es zu unterdrücken, und dann durch es hindurch zur Ursprungsenergie des Verlangens hinfühlen. Er muss durch die Schönheit der Frauen in das Entzücken hineinfühlen, an das ihre Schönheit nur eine Annäherung und eine Erinnerung ist. Seine gesamte Beziehung zur Welt der Erscheinungen spiegelt sich in seinen Beziehungen mit den Frauen – als Obsession, als Zerstreuung oder als Offenbarung.

Vergessen Sie bei der Anbetung der Frauen nie, dass Frauen sterblich sind. Vergessen Sie beim Genuss der Freuden und der Lust nie, dass Ihre Empfindungen und Gefühle flüchtig sind und nie wirklich genug sein werden. Frauen können Sie anziehen, heilen und das Beste in Ihnen wecken, aber sie werden Sie nie gänzlich erfüllen. Nie. Und das wissen Sie.

Das ist der Grund, warum Frauen so frustrierend für Sie sind. Die Verheißung, die sie ausstrahlen, zieht Sie auf die eine oder andere Weise an, und das vielleicht mehrmals am Tag. Dennoch haben Sie im Laufe Ihres Lebens gelernt – und werden es weiterhin lernen – dass sie diese Verheißung niemals erfüllen können. Die Erfüllung, die eine Frau zu versprechen scheint, kann sie Ihnen niemals geben.

Das Spiel, in dem Ihr Körper den Körper einer Frau begehrt, ist offensichtlich ein absoluter Erfüllungsschwindel. Wenn Sie jemals eine Frau bekommen haben, die Sie wirklich wollten, wissen Sie, dass es nie so gut ist, wie Sie es sich erhofften, jedenfalls nie für lange. Dennoch werden Sie weiterhin angezogen, immer und immer wieder, von derselben Frau oder anderen Frauen. Es ist alles dasselbe. Sie werden von der Fata Morgana Ihres eigenen Verlangens getäuscht. Sie werden von Ihrer eigenen Erregung betrogen. Die Frauen tragen nicht die Schuld daran. Sie sollten sie einfach nur lieben und verehren.

Und durch sie hindurchfühlen. Eine Frau zu spüren und sich einfach nur von Ihrem Begehren nach ihrer äußeren Form hinreißen zu lassen, ist töricht. Stiere und Stubenfliegen werden auch von weiblichen Formen und ihrem Begehren hingerissen. Das ist ein endlos dummer Kreislauf aus Fata Morgana, Verlangen und Bedürfnis. Und Sie bringen so viel Zeit in Ihrem Leben damit zu, Frauen anzusehen, über sie nachzudenken und sie zu begehren, dass Sie es nicht einfach abstellen können. Aber Sie können durch Ihr Begehren hindurchfühlen.

Wie eine Schleuder kann Sie die Schubkraft Ihres Verlangens zu der Quelle katapultieren, die bei den Frauen stets eine Verheißung bleibt.

Frauen sind der Gipfel aller Erscheinungen, aller Formen, aller Dinge um Sie herum, ob potenziell oder real. Und wie Frauen scheinen alle Erscheinungen Ihnen etwas zu versprechen, das Sie begehren. Sie wollen Erfolg von Ihrem Job. Sie wollen Liebe von Ihrer Frau. Sie wollen Vergnügen von Ihrem Körper. Sie wollen Gehorsam von Ihrem Hund. Wenn Sie nicht bekommen, was Sie wollen – wenn Sie Geld verlieren, Ihre Frau Sie hasst, Ihr Körper schmerzt und Ihr Hund Sie beißt –, sind Sie unglücklich.

Wenn Sie bekommen, was Sie wollen, sind Sie weniger unglücklich.

Am wenigsten unglücklich sind Sie, wenn Sie nicht länger das Bedürfnis haben, irgendetwas von den äußeren Erscheinungen zu erwarten. Einfach in Ihrem Auto zu fahren, ohne Wünsche, und zu sehen, wie die Bäume an Ihnen vorbeiziehen, kann eine Offenbarung der Vollkommenheit sein. Tiefschlaf, Orgasmus, ein Angeltag am Fluss, ein Blick in die Augen eines Kindes – solche Momente können Sie auf Ihrer Suche so lange entspannen, dass Ihnen klar wird: Sie haben schon längst, was Sie suchen. Was die Erscheinungsformen versprechen, ist eine Offenbarung Ihres eigenen tiefen und natürlichen Wesens.

Sie sind selbst, was Sie suchen, aber Sie haben Ihre eigene Tiefe verlassen und suchen anderswo. Der Stress, das Gesuchte nicht zu finden, erschafft seine eigenen Bedürfnisse. Und das Rad dreht sich weiter. Wie ein Kater jagen Sie Ihrem eigenen Schwanz hinterher, und der scheint verdächtig oft wie eine Frau auszusehen.

Aber Sie brauchen die Jagd nicht abzubrechen. Jagen Sie nach Herzenslust. Lassen Sie sich spüren, wie sehr Sie Ihre Partnerin begehren. Spüren Sie, wie tief das Jucken liegt, das gekratzt werden soll. Spüren Sie das Bedürfnis, das Sie einen Großteil Ihres Erwachsenenlebens umtreibt, die Sehnsucht nach einer Frau, real oder in der Fantasie. Und entdecken Sie, was Sie wirklich wollen. Sie haben Titten erlebt. Sie haben Muschi bekommen. Sie haben sich umsorgen lassen. Sie haben wilde Leidenschaft erfahren. Und nichts davon ist geblieben. Es war nicht einmal umwerfend gut, solange es da war. Ihr Bedürfnis ist so tief, dass keine Frau es stillen kann. Was ist es also?

Ihr höchstes Verlangen richtet sich auf die Vereinigung des Bewusstseins mit seinem eigenen Leuchten, in der alle Erscheinungen als Ihr eigenes, tiefes Wesen erkannt werden und in der es nur Eins gibt. Ihr Begehren nach der Vereinigung mit einer Frau ist eine verwässerte Version dieses höchsten spirituellen Verlangens.

Sie können Ihr Verlangen als Tor in die spirituelle Einheit nutzen. Sie können Ihr Verlangen wachsen lassen, bis es Sie fast in den Wahnsinn treibt. Fördern Sie es mit vollem Atem, entspanntem Körper und offenem Herzen. Umarmen Sie Ihre Partnerin, wenn Sie in einer Beziehung leben, und *geben Sie Ihr, was Sie von ihr wollen.* Geben Sie ihr alles. Schenken Sie es ihr. Geben Sie ihr so viel von dem, was Sie von ihr wollen, dass Sie nicht mehr sagen können, wer wer ist. Geben Sie, bis der Jäger zum Gejagten wird und jegliche Bewegung in der Intensität der Selbstaufgabe endet. Es gibt nur Eins.

Das Licht Ihres Bewusstseins leuchtet als die Welt und blickt in Form einer Frau auf Sie zurück. Sie erscheint oft als das, was Sie am meisten fürchten und begehren. Sie ist die Göttin, bereit, Sie zu ficken, zu vernichten und zu erleuchten. Ihre Erscheinung und Ihr eigenes Verlangen können ein endloses Drama des Begehrens in Gang setzen, oder sie können verschmelzen und zu einem Tor in Ihre göttliche Quelle werden.

Erlauben Sie Ihrem Verlangen, in Augenblicken der Anziehung zu ihr hinzufühlen, aber belassen Sie es nicht dabei. Fühlen Sie durch sie hindurch. Tun Sie das ständig. Fühlen Sie durch ihren Körper hindurch, wenn Sie Sex mit ihr haben. Fühlen Sie durch ihren Zorn hindurch, wenn sie wütet und stürmt. Fühlen Sie durch ihre Dunkelheit hindurch, wenn sie Ihnen hässlich erscheint. Fühlen Sie durch ihre Schönheit hindurch, wenn sie Ihnen besonders anziehend vorkommt. Indem er durch all die verschiedenen Formen seiner Partnerin hindurchfühlt, wird ein überlegener Mann nicht abgelenkt oder zwanghaft besessen. Er richtet seine Aufmerksamkeit durch die Illusion des anderen hindurch und wird in der Offenbarung der Einheit von allen Bedürfnissen befreit.

Ihr Verlangen kann Ihnen als Tor in die tiefste Einheit dienen. Die sexuelle Vereinigung ist eine gebrochene oder abgeschwächte Spiegelung der allgegenwärtigen Vermählung des Bewusstseins mit der ihr eigenen Leuchtkraft. Der überlegene Mann umarmt seine Frau als seine eigene Form. Diese Offenbarung tiefer Einheit ist Liebe.

Frauen können Sie anscheinend in Ihr wahres Wesen bringen. Oder sie können es Ihnen rauben. Jeder Augenblick in der Welt der Erscheinungen oder mit einer Frau kann eine Ablenkung, eine Obsession oder eine Offenbarung sein. Achten Sie auf die Ablenkungen – Titten, Hintern, Wohlstand und Ruhm – und üben Sie die Offenbarung des Einsseins, indem Sie durch die Ablenkungen hindurchfühlen. Üben

Sie es mit Ihrer Partnerin, in der Realität. Verneigen Sie sich vor ihr und dann durch sie hindurch in die Tiefe, die nie wirklich ein anderer Mensch war.

TEIL 7

Körperübungen

44
Die Ejakulation sollte umgewandelt oder bewusst gewählt werden

Es gibt viele körperliche und spirituelle Gründe, warum die Ejakulation in nichtejakulative Orgasmen des ganzen Körpers, des Gehirns und des Herzens verwandelt werden sollte. Aber es gibt auch Vernunftgründe. Wenn ein Mann keine Kontrolle über seine Ejakulation hat, kann er seiner Partnerin nicht sexuell oder emotional begegnen. Sie weiß, sie kann ihn entleeren, schwächen, ihm die Lebenskraft rauben. Sie hat gewonnen. Wenn ein Mann leicht ejakuliert, erregt er das wachsende Misstrauen seiner Partnerin. Auf subtile Weise hat sie das Gefühl, ihm nicht mehr vertrauen zu können: Seine Partnerin und die Welt können ihn sehr leicht auspumpen und entpolarisieren. Dieses subtile Misstrauen wird die gesamte Beziehung durchziehen. Die Partnerin eines solchen Mannes wird nicht nur an ihm zweifeln, sondern auch sein Tun in der Welt untergraben. Damit weist sie ihn auf seine Schwäche hin und prüft ihn, doch sie hofft auch, dass solche Prüfungen ihn lehren können, voll zu bleiben.

Sie werden die Ejakulation nicht freiwillig umgehen, bevor Sie nicht das weitaus größere Vergnügen erlebt haben, das jenseits von ihr liegt. Beobachten Sie in der Zwischenzeit, wie Sie sich in den Minuten und Tagen nach der Ejakulation fühlen. Wenn Sie im täglichen Leben eine Menge Spannung angesammelt haben, verschafft Ihnen die Ejakulation vorübergehend Erleichterung und Entspannung. Wenn Sie Ihr Leben jedoch immer mehr auf Ihr wahres Ziel ausrichten, werden Sie im Laufe des Tages nicht mehr so viel Spannung ansammeln. Dann werden Sie bemerken, dass die Ejakulation Sie größtenteils nur ausleert und schwächt.

Das kann sich für den Augenblick zwar großartig anfühlen, aber der Preis, den Sie für dieses genitale Niesen bezahlen, ist ein größeres Maß an Mittelmäßigkeit in Ihrem täglichen Leben. Sie werden bemerken, dass Ihnen das Quäntchen Begeisterung fehlt, das Sie brauchen, um Ihr Leben auf makellose Weise zu führen. Übermäßige Ejakulationen pflastern den Weg zu einem guten Leben, nicht aber zu einem großartigen Leben.

Auf subtile Weise verringern die Ejakulationen Ihren Mut, etwas zu riskieren – beruflich ebenso wie spirituell. Es reicht Ihnen, so viel zu tun, wie nötig ist, um bequem zu leben, aber Sie werden entdecken, dass Sie lieber vor dem Fernseher sitzen, als Ihren Roman zu schreiben, zu meditieren oder einen wichtigen Anruf zu erledigen. Sie haben genug Motivation für ein anständiges Leben, aber die Ejakulationen rauben Ihnen die „durchschlagende" Energie, die nötig ist, um Ihre eigene Mauer aus Trägheit aufzubrechen und die Hindernisse zu zerschlagen, die in der Welt auftauchen. Ihre Gabe wird in großen Teilen nicht gegeben.

Ihre Partnerin kann all das fühlen. Vielleicht erregt es sie sexuell, Sie zur Ejakulation zu bringen. Auf kurze Sicht könnte es ihr gefallen. Sie könnte auch erklären, dass es sie sexuell nicht erfüllt, wenn Sie nicht ejakulieren. Aber es gibt auch einen tieferen Anteil in ihr, den Sie aufgrund Ihrer Tendenz, zu oft und zu schnell zu ejakulieren, noch nie sexuell befriedigen konnten.

Die meisten Frauen erleben viele, zunehmend tiefere Orgasmen. Und was noch wichtiger ist: Bei den meisten Frauen besteht eine natürliche Verbindung zwischen den Genitalien und dem Herzen. Wenn Sie ejakulieren und Ihre Erektion verlieren, beschneiden Sie wahrscheinlich die vollste Fähigkeit Ihrer Partnerin, durch das Herz zu empfangen und zu geben, die in den entspannten, liebenden, fließenden Stunden Ihrer furchtlosen und stressfreien genitalen Penetration aufblühen könnte.

Was sie so tief berührt, ist allerdings nicht nur Ihre genitale Penetration. Die eigentliche Durchdringung, die sie fühlt, ist Ihr Aufgehen in Liebe, in ihr und durch sie hindurch. Was sie am meisten hinreißt, ist die reale Invasion ihres Körpers durch Ihr Bewusstsein.

Seien Sie ehrlich: Wenn Sie wie die meisten Männer sind, wollen Sie Ihre Partnerin nach ein, zwei Ejakulationen nicht länger durchdringen und leidenschaftlich mitreißen. Sie sind damit zufrieden, sich, nachdem die Spannung abgebaut ist, in der Leere zu entspannen. Sie haben nicht länger dasselbe Verlangen wie vor der Ejakulation, Ihre Partnerin körperlich oder emotional zu durchdringen.

Ihre Partnerin spürt Ihr fehlendes Verlangen. Und intuitiv fühlt sie auch, unbewusst vielleicht, dass es Ihnen auch an Begehren gegenüber der Welt mangelt. Wenn sie auf Ihre tiefsten Gaben wartet, während Sie geschwächt auf dem Ruhekissen des Nichtverlangens liegen, dann geht es der Welt vielleicht ebenso. Sie spürt, dass Sie sich ihr unterworfen und zugelassen haben, dass vergängliche Vergnügungen Ihre Fähigkeit mindern, voll bewusst zu sein. Und sie weiß, dass Sie der Welt ebenso nachgeben werden.

Ein Teil Ihrer Partnerin ist glücklich, dass sie Ihnen einen Orgasmus verschafft hat. Sie ist glücklich, wenn Sie befriedigt und glücklich sind. Ein anderer Teil ist enttäuscht, weil Sie sich mit einem vorübergehenden, angenehmen Zucken zufrieden gegeben haben, anstatt sie und die Welt endlos und leidenschaftlich mitzureißen.

Oft weiß sie nicht einmal, was sie verpasst. Wenn Sie nie einen Mann erlebt hat, der im Sex voll bewusst bleiben kann, ohne sich dem mechanischen Ejakulationsreflex zu ergeben, kennt sie auch das Ausmaß ihrer eigenen Fähigkeiten noch nicht. Ihr ist nicht klar, wie tief und ekstatisch die sexuelle Liebe sein kann. Sie hat sich noch nie völlig im Liebesakt aufgelöst, noch nie ohne ein Fünkchen von Zurückhaltung hingegeben. Sie hat sich noch nie so durch und durch mitreißen und verzücken lassen, dass nichts mehr mitzureißen blieb – nur Offenheit, Liebe, strahlend und lebendig, in alle Richtungen.

Manchen Frauen, die ihr verletztes Herz beschützen wollen, ist es allerdings lieber, wenn Sie ejakulieren. Dann müssen sie sich nie ganz öffnen oder unter Ihrer Berührung die eigenen Tiefen offenbaren.

Sie wissen, nach etwas Oralsex und vielleicht einer halben Stunde Geschlechtsverkehr werden Sie ejakulieren und alles ist vorbei. Sie wollen nicht, dass Sie über Ihren üblichen Schlussakt hinaus weitermachen. Sie möchten lieber die Kontrolle behalten und Ihre Ejakulation den eigenen Wünschen anpassen.

Gerade diese Art von Frau wird von Ihrer unverminderten Fähigkeit, sie über alle Abschlüsse hinauszuführen, besonders profitieren. Und gerade mit dieser Art von Frau können Sie Ihre Fähigkeit entwickeln, im Geben Ihrer Liebe beharrlich zu bleiben. Die Welt wird Ihre Fähigkeit, trotz aller Zurückweisungen Ihr Bestes zu geben, ständig auf die Probe stellen. Eine Frau, die Ihre Liebe zurückweist, ist einfach nur eine Verkörperung dieses Aspektes der Welt.

In der Tiefe ihres Wesens will Ihre Partnerin nichts als Liebe, genau wie Sie. Ihre Weigerung beruht auf irgendeiner Angst. Vielleicht fürchtet sie sich davor, Wunden aus ihrer Kindheit zu spüren. Oder sie wurde als Erwachsene verletzt und fürchtet sich, wieder verletzt zu werden, wenn sie sich öffnet. Aber im gegenwärtigen Augenblick kann jeder emotionale Widerstand auf einen Punkt zurückgeführt werden: die Weigerung zu lieben.

Ihr maskulines sexuelles Geschenk besteht darin, die Liebe Ihrer Partnerin mit Humor, Schocks und Liebkosungen hinter den Angstschichten hervorzulocken. Ohne ihr Ihre eigenen Bedürfnisse aufzudrängen, lassen Sie Ihre Liebe tief in den Teil Ihrer Partnerin eindringen, der völlig offen für die Liebe ist – der reine Liebe ist – und locken ihn heraus. Tun Sie das langsam, geben Sie ihm Zeit, nicht mit Gesprächen, sondern anhand Ihrer körperlich ausgedrückten Präsenz, Ihrer Fürsorge, Ihres Bewusstseins und der frei strömenden Liebe Ihrer sexuellen Vereinigung. Wenn sie spürt, wie sehr sie Ihrer Liebe vertrauen kann – dass Sie wirklich bei ihr sind, wirklich der Liebe hingegeben, und sich nicht in den selbstvergessenen Zuckungen ihres eigenen Vergnügens verlieren werden – dann wird Sie Ihnen mit dem zutiefst verletzlichen Kern ihres Wesens vertrauen.

Aber erst dann. Jedes Mal, wenn sie spürt, wie Sie sich in Ihren eigenen Empfindungen verknoten, erlebt sie Sie als abwesend, nicht präsent, nicht vertrauenswürdig. Sie mag es genießen, Ihnen eine

Ejakulation zu verschaffen, aber einen tieferen, vielleicht unausgedrückten Teil ihrer selbst wird sie Ihnen nicht anvertrauen. Warum sollte sie auch? Warum sollte sie ihre tiefsten Anteile, ihr verletzlichstes Herz entblößen, nur um zu erleben, wie Sie sich in einem Krampf selbstvergessener Befriedigung winden, um sich dann in ihr postejakulatives Desinteresse zurückzuziehen?

Jedes Mal, wenn Ihre Partnerin Sie bis zu dem unkontrollierbaren Bedürfnis zu ejakulieren reizt, hat sie Sie besiegt. Sie kontrolliert und beherrscht Sie. Sie hat sexuell die Oberhand, gleichgültig, welche männlichen Gebärden Sie vor der Ejakulation demonstrieren. Mit einem kurzen Zungenschlag, einem sanften Stöhnen oder einer saftigen Drehung ihres Beckens kann sie Ihnen das Leben aussaugen. Und in der Tiefe ihres Wesens weiß sie, dass die Welt Ihnen dasselbe antun kann.

Ein überlegener Mann kann sich manchmal entscheiden zu ejakulieren. Aber er trifft diese Entscheidung aus freien Stücken schon vor dem Sexualakt, nicht wenn es zu spät ist, im letzten unkontrollierbaren Moment bevor die biologische Achterbahn zur wilden Abfahrt in die brüllende sexuelle Entladung ansetzt. Ein überlegener Mann dient der Vermehrung der Liebe durch die Sexualität. Er gibt sich erst zufrieden, wenn seine Partnerin ihr Herz ganz an die Fülle der göttlichen Vereinigung hingibt und er das seine. Das Vergnügen an dieser Auflösung in die Liebe übertrifft das typische genitale Abspritzen so sehr, dass die Ejakulation mit Leichtigkeit ausgelassen oder aufgeschoben wird, sobald der Mann und die Frau ihre sexuelle Kapazität erweitert haben.

Ihre Partnerin wird Sie sexuell ebenso auf die Probe stellen, wie sie es auch emotional tut. Selbst wenn Sie versuchen, nicht zu ejakulieren, kann sie mit ihrer Energie versuchen, Ihnen die Ejakulation zu „entreißen“. Wie immer besteht ihr tiefstes Vergnügen darin, Ihre Fülle, Ihre Kraft und Ihre Liebe zu spüren, auch während Sie sie prüft. Wenn Sie nicht ejakulieren, sondern beweisen, dass Ihnen die Fülle des Liebens wichtiger ist, als der schnelle Kitzel einer genitalen Entladung, dann kann sie Ihnen wirklich vertrauen. Doch sie wird nicht aufhören, Ihre Liebesfähigkeit auf die Probe zu stellen, selbst wenn Sie bewiesen haben, dass Sie die Ejakulation zum Wohle einer viel tieferen Glückseligkeit umgehen können.

Das heißt letzten Endes: Wenn Sie Ihre Ejakulation nicht wirklich bewusst wählen können, weiß Ihre Partnerin, dass sie sexuell die Kontrolle hat. Und solange sie weiß, dass sie das Sagen hat, wird sie Ihnen nicht genug vertrauen, um in der Kraft Ihrer Liebe ganz zu entspannen. Sie wird ihr Herz immer etwas schützen. Anstatt sich so tief an Ihre Umarmung hinzugeben, dass sie zu göttlichem Glanz erblüht, wird sie sich so viele kurze, schlüpfrige Vergnügungen wie möglich sichern, bevor Sie Ihr Interesse verlieren.

Ihre Partnerin wird sich sexuell, emotional und spirituell in demselben Maße unerfüllt fühlen, wie Sie von Ihrer Ejakulation abhängig sind. Und in vieler Hinsicht werden Sie die Welt ebenso wenig mit Ihren Gaben erfüllen. Ihre Abhängigkeit von den Zyklen der Entladung wird Sie immer von der vollkommenen, bewussten Auflösung in Ihrer tiefsten Quelle abhalten, und Ihre wahren Gaben werden nie zur Entfaltung kommen.

Indem Sie Ihre Fähigkeit zur vollsten sexuellen Vereinigung stärken, stärken Sie auch Ihre Fähigkeit, sich in der Quelle des Lebens aufzulösen und ausgestattet mit all Ihren Gaben wieder aufzutauchen, aufrecht, zielgerichtet und begierig, Ihr Bestes zu geben, auch wenn die Welt Ihnen widersteht. Ein überlegener Mann löst sich im Mysterium auf, und wenn er wieder hervortritt, ist er von Liebe erfüllt, die er immer wieder geben kann – in der sexuellen Beziehung zu seiner Partnerin ebenso wie in der kreativen Beziehung zur Welt –, ohne dass sie je verblasst.

45
Lassen Sie Ihren Atem in Ihrem Körper abwärtsströmen

Alle Männer haben die Neigung zu Energieblockaden in der Vorderseite ihres Körpers, entlang einer imaginären Linie von der Schädeldecke durch die Zunge, den Hals, das Herz, den Solarplexus, den Nabel und die Genitalien bis zum Beckenboden. Der wichtigste physische Schlüssel, um die Welt und die Frauen zu meistern, ist es, die Vorderseite des Körpers jederzeit offenzuhalten. Die beste Methode, um das zu erreichen, ist offenes und entspanntes Atmen, um die Energie im Vorderkörper abwärtszulenken und die Aufmerksamkeit von neurotischen Selbstzweifeln zu befreien.

Wenn Sie nervös sind, zieht sich Ihr Magen zusammen. Wenn Sie traurig sind, bildet sich ein Kloß in Ihrer Kehle. Wenn Sie bedroht werden, haben Sie ein mulmiges Gefühl im Solarplexus. Wenn Sie angestrengt nachdenken, legt sich Ihre Stirn in Falten. Wenn Sie sich über die ungewisse Zukunft Sorgen machen, spannen Sie Ihren Kiefer an. Einen Großteil des Tages neigen Sie dazu, Ihren Vorderkörper anzuspannen, eng zu machen und zusammenzuziehen, von der Kopfspitze durch die Brust bis unter den Bauch.

Die Vorderseite Ihres Körpers – insbesondere Ihr Bauch – ist der Ort, an dem Ihre Energie auf die Energie der Welt trifft. Ist Ihr Vorderkörper offen und entspannt, kann Ihre Kraft frei strömen, und Ihre Präsenz erfüllt den Raum. Sicher haben Sie schon Menschen erlebt, die mehr Raum einnehmen als andere. Sie scheinen die Aufmerksamkeit auf sich zu ziehen, obwohl sie nichts Offensichtliches dafür tun. Die Vorderseite ihres Körpers ist so offen, dass ihre Energie frei durch den Raum strömen und ihre Präsenz sich ausweiten kann.

Solche Menschen sind erstaunlich entspannt, gelassen und aufmerksam. Sie verwickeln sich nicht in Selbstzweifel, kauern sich nicht mit eingesunkenem Brustkorb, knirschenden Zähnen und flachem Atem in sich zusammen: Das Abbild eines verschlossenen Bauchs und einer engen Brust. Wenn sich in der Vorderseite Ihres Körpers Spannung ansammelt – täglich, viele Jahre lang – können Sie kaum noch aufrecht sitzen. Ihr Bauch und Ihre Brust sind eng geworden. Ihre Gedanken drehen sich nur um Sie selbst. Ihre Energie kreist in Ihrem Kopf und Ihr Bewusstsein beschränkt sich auf Ihre Sorgen. Ihre kraftvolle Präsenz kann keinen Raum füllen. Es kann sein, dass man Sie nicht einmal bemerkt.

Achten Sie jetzt einen Augenblick auf Ihren Atem. Atmen Sie so tief ein, dass Sie spüren, wie sich Ihre Genitalien leicht nach außen wölben? Hebt und senkt sich Ihr Bauch beim Ein- und Ausatmen wie ein riesiger Blasebalg? Ihr Bauch und Ihr unteres Becken beherbergen eine besondere Kraft. Wenn Ihr Atem diese Körperstellen nicht erreicht, können sich Ihre Akkus nicht aufladen. Dann fühlen Sie sich schwach und unsicher. Ihre Wirkung auf die Welt ist minimal und entspricht nicht Ihrem vollen Potenzial.

Atmen Sie tief durch die Nase ein und lassen Sie den Atem durch jede körperliche Anspannung hindurchströmen. Atmen Sie tief in Ihr unteres Becken. Atmen Sie wieder aus. Lassen Sie den Atem beim nächsten Atemzug in Ihr Becken und Ihren Bauch strömen. Atmen Sie wieder aus. Füllen Sie beim Einatmen Ihr Becken und Ihren Bauch, dann Ihren Solarplexus und schließlich den unteren Brustraum. Atmen Sie wieder aus. Beim nächsten Einatmen füllen Sie den gesamten Bauch, dann den Solarplexus und schließlich den gesamten Brustraum – in dieser Reihenfolge. Atmen Sie ein paar Mal tief auf diese Weise ein und füllen Sie Ihren Bauch, Ihren Solarplexus und schließlich den gesamten Brustraum. Atmen Sie jedes Mal voll, langsam und weich wieder aus.

Üben Sie diese Art zu atmen im Laufe des Tages, wann immer es Ihnen einfällt. Achten Sie besonders auf alle Körperbereiche, die besonders angespannt oder verschlossen sind. Wenn zum Beispiel die Gegend um Ihren Nabel angespannt erscheint, atmen Sie dort hin. Atmen Sie buchstäblich in diesen Bereich hinein und öffnen Sie ihn mit der Kraft Ihres Atems. Sie können die gesamte Vorderseite Ihres Körpers mit Ihrem Atem aufblasen wie einen Ballon. Auf diese Weise beheben Sie die Auswirkungen von im Körper gespeicherten Ängsten und Sorgen, die Ihre Präsenz und Ihre Macht in der Welt mindern. Immer, wenn Sie im Laufe des Tages Anspannungen an der Vorderseite Ihres Körpers bemerken, atmen Sie in den jeweiligen Bereich hinein und öffnen Sie ihn.

Anspannungen im Körper entstehen am ehesten, wenn Sie Ihre Aufmerksamkeit sorgenvoll auf sich selbst richten und sich so eng in sich zusammenziehen, dass Sie sich ganz verknotet vorkommen. Deshalb ist es das wichtigste Heilmittel, sich anderen zu schenken. Immer, wenn Sie merken, dass Sie über Ihren eigenen Problemen brüten und sich die Energie in Form von Anspannungen im Körper verknotet, nehmen Sie diese Energie und machen Sie anderen ein Geschenk. Das kann etwas Einfaches sein wie das Abspülen des Geschirrs, oder etwas Komplexes wie der Aufbau einer Firma, die anderen Nutzen bringt. Verwandeln Sie die Energie, die sich vorne in Ihrem Körper verknotet, in den Dienst an anderen. Ihre Anspannung ist lediglich die Energie einer Gabe, die nicht ausgedrückt wurde und sich jetzt im Körper staut.

Ihr Atem ist ein wichtiger Ausdruck Ihrer persönlichen Energie. Deshalb gehört Ihr Atem auch zu den wichtigsten Übermittlern Ihrer Gabe an die Welt. Sie können Ihren Atem einsetzen, um die Anspannungsknoten eines anderen Menschen genauso aufzulösen wie Ihre eigenen. Nehmen wir an, Sie sind mit einem Menschen zusammen, der etwas angespannt zu sein scheint. Sie können sich in seine Anspannungen hineinfühlen und beim Einatmen in sie hineinatmen, als wären es ihre. Atmen Sie ein und öffnen Sie seine Anspannungen mit der Kraft Ihres Atems. Atmen Sie dann aus und lassen Sie alle Anspannungen los – Ihre eigenen und die des anderen. Atmen Sie ein und öffnen Sie seine Knoten mit der Kraft Ihres Atems; atmen Sie dann aus und lösen Sie alle Kontraktionen, sodass nur Entspannung und Liebe zurückbleiben. All das geschieht ohne jeden Körperkontakt. Ja, wahrscheinlich merkt der andere gar nicht, dass Sie irgendetwas Ungewöhnliches tun.

Sie können diese Übung bei der Arbeit, mit Ihrer Geliebten oder mit einem ganzen Bus voll Menschen durchführen. Wenn Sie allein zu Hause sind, können Sie sich all die Anspannung in der Welt vorstellen und dann die Lebenskraft in diese Spannungen hineinatmen, um sie zu öffnen. Beim Ausatmen schicken Sie die Anspannungen in die Liebe hinein, wo sie sich auflösen wie ein Handvoll Salz im Ozean. Mit dieser Atemübung wenden Sie Ihre Aufmerksamkeit von sich selbst ab und lösen die Anspannungsknoten in ihrem vorderen Körper. Gleichzeitig nehmen Sie Ihren wahren Platz als Diener der anderen ein, die Ihnen auf ihre eigene Weise ebenfalls dienen.

Manche von Ihnen mögen diese Art von Übungen befremdlich finden. Aber bevor Sie sie als alberne Verrücktheiten abschreiben, probieren Sie sie aus. Machen sie die Übungen und finden Sie selbst heraus, was sie Ihnen bringen. Wenn Sie das nächste Mal in einem Meeting sind, atmen Sie in die Vorderseite Ihres Körpers ein, öffnen Sie dort alle Knoten, erlauben Sie Ihrer Kraft, sich in Form einer Segnung in den Raum auszudehnen und spüren Sie beim Ausatmen, wie sich der gesamte Stress in einem Ozean der Liebe auflöst. Spüren Sie das Unbehangen der anderen, öffnen Sie deren Knoten mit der Kraft Ihres Atems und lösen Sie die Knoten beim Ausatmen auf. Erfüllen Sie auf diese Weise den ganzen Raum mit Ihrer bewussten Liebe.

Atmen Sie auch jetzt, in diesem Augenblick, an der Vorderseite Ihres Körpers abwärts, bis Ihr Bauchraum sich ausdehnt und der Atem Ihren Solarplexus und Ihr Herz öffnet. Lassen Sie Ihre volle Kraft auswärtsströmen, durch den Raum und darüber hinaus, um alle Menschen mit der bewussten Kraft Ihres Atems zu füllen. Vereinigen Sie sich in Liebe mit der Welt, den ganzen Tag, und durchdringen Sie jegliches Unbehagen, bis es sich auflöst. Spüren Sie die Welt mit Ihrem Körper wie eine nackte Frau, verletzlich und lebendig. Pressen Sie Ihren Vorderkörper an den Körper der Welt, durchdringen Sie ihn und lösen Sie die Knoten aus angesammeltem Schmerz.

Wenn Sie Ihre Partnerin bei der sexuellen Begegnung umarmen, benutzen Sie Ihren Atem auf die gleiche Weise, um ihren Körper und ihr Herz zu öffnen. Füllen Sie sie mit der Kraft Ihrer Liebe, atmen Sie an ihrem Körper abwärts als wäre es der Ihrige, und füllen Sie ihre Genitalien, ihren Bauch und ihr Herz mit Liebesenergie. Atmen Sie dann aus und lösen Sie sich beide im Ozean Ihrer Liebe auf. Durchdringen Sie Ihre Partnerin mit Ihrem Atem – atmen Sie aus und ein, bis sich ihre Angespanntheit und Verschlossenheit in der Kraft Ihrer Liebe auflösen und Sie selbst im Geben verschwinden.

46
Lassen Sie Ihre Energie bei der Ejakulation die Wirbelsäule aufwärtsströmen

Für die meisten Männer bedeutet die Ejakulation, ihre Energie und ihren Samen durch ihre Genitalien herauszuschleudern. Danach haben sie das Gefühl, sich von Stress befreit zu haben. Ein überlegener Mann lässt seine Energie beim Orgasmus häufiger die Wirbelsäule aufwärts bis ins Gehirn explodieren, von wo sie durch seinen Körper wie ein verjüngender Nektar der Glückseligkeit herabregnet. Um Energie raubende Orgasmen in verjüngende Orgasmen zu verwandeln, müssen Sie Ihren Beckenboden nahe den Genitalien zusammenziehen und die Energie mithilfe Ihres Atems, Ihres Gefühls und Ihrer klaren Absicht die Wirbelsäule aufwärtsleiten.

Was ist eine vorzeitige Ejakulation? Manche Männer ejakulieren, bevor sie in die Vagina ihrer Partnerin eindringen. Andere ejakulieren nach zehn Minuten Geschlechtsverkehr. Es ist nicht entscheidend, wann Sie ejakulieren, sondern wie entwickelt Ihre Fähigkeit ist, sich in Liebe und ohne Grenzen auf Ihr sexuelles Beisammensein einzulassen. Wenn Ihre Ejakulation das Ende Ihrer Liebesbegegnung anzeigt, bevor Sie und Ihre Partnerin sich vollkommen geöffnet haben, dann ist es eine vorzeitige Ejakulation.

Wenn Sie wie die meisten Männer sind, gehört die Masturbation zu Ihren ersten sexuellen Erfahrungen als Teenager. Das wiederholte Masturbieren prägt Ihrem Körper und Ihrem Nervensystem einen bestimmten Ablauf ein: genitale Stimulation, mentale Fantasie, Spannungsaufbau, Ejakulation. Masturbation bei Teenagern ist im Wesentlichen eine Fantasieübung, die alleine vollzogen wird, ohne allzu viel Liebe und sogar ohne menschliche Nähe. Wenn erwachsene Männer schließlich Sex mit einer Frau haben, wiederholen sie in den meisten Fällen denselben Ablauf, den sie bei der Masturbation gelernt haben. Der sexuelle Akt ist zu einer Einbahnstraße in die Ejakulation geworden und diese Straße ist mit inneren Bildern, Zurückgezogenheit in sich selbst und dem Wunsch nach Spannungslösung gepflastert.

Um das volle Potenzial der Sexualität zu verwirklich, müssen Sie lernen, Ihren Körper und Ihr Nervensystem neu zu konditionieren. Sie müssen lernen, sich den vorgegebenen Ablauf Ihrer Ejakulationen abzugewöhnen und Ihren Orgasmus in eine gewaltige Energieausschüttung zu verwandeln, die Ihre Liebesbegegnung nicht beendet, sondern vertieft.

Der erste Schritt besteht darin, die Gewohnheiten abzulegen, die Sie als Teenager beim Masturbieren gelernt haben. Anstatt Ihre Muskeln anzuspannen, wenn Sie sexuell stimuliert sind, üben Sie, sich zu entspannen. Wenn Sie merken, dass Sie Ihr Gesicht zusammenziehen, entspannen Sie es. Wenn Sie merken, dass Ihr Atem schnell und flach geht, lassen Sie ihn langsamer und tiefer werden. Wenn Sie merken, dass Ihr Bauch fest und Ihre Brust hart wird, öffnen Sie den Bauch und lassen Sie das Gebiet um Ihr Herz weich werden.

Der nächste Schritt besteht darin, Ihre Aufmerksamkeit neu auszurichten. Lernen Sie, beim Sex Ihre Partnerin mehr zu spüren als Ihre eigenen Empfindungen. Anstatt Ihre Aufmerksamkeit nur auf Sie selbst und die Lust in Ihrem Körper zu richten, fühlen Sie nach außen, in Ihre Partnerin hinein und durch sie hindurch. Fühlen Sie Ihre Partnerin mehr als sich selbst. Fühlen Sie ihre Bewegungen, ihr Stöhnen und die Energie in ihrem Inneren.

Wenn Sie das eine Weile üben, werden Sie durch Ihre Partnerin hindurchfühlen können, als sei ihr Körper ein Tor in eine endlose, offene Weite aus Energie, Licht und Bewusstsein. Diese Art, ungehindert zu fühlen, ist die Basis wahrer Liebe. Erweitern Sie Ihre Liebe über sich selbst hinaus und mit der Zeit auch durch Ihre Partnerin und über sie hinaus. Das verlangt Übung, weil Sie eher dazu neigen, sich auf Ihre eigenen Körperempfindungen zu konzentrieren, besonders in Zeiten starker physischer Erregung. Begegnen Sie dieser Neigung, indem Sie es üben, über sich selbst hinaus und durch Ihre Partnerin hindurchzufühlen, als gäbe es für Ihre Liebe keine Hindernisse.

Sie üben also, sich entspannt in Ihre Partnerin einzufühlen und durch sie hindurchzufühlen. Außerdem müssen Sie sehr sensibel für die Kraft Ihres Atems werden. Der Atem bewegt die Lebensenergie durch Ihren eignen Körper und den Körper Ihrer Partnerin. Wenn Ihr Atem zu flach wird, kann die Lebenskraft nicht durch Ihren Körper geleitet werden. Stattdessen wird diese Energie entweder in Ihrem Kopf oder in Ihren Genitalien aufgestaut. Baut sie sich im Kopf auf, bringen Sie mehr und mehr Zeit damit zu, über Sex und Frauen zu fantasieren. Baut sie sich in Ihren Genitalien auf, verspüren Sie das Bedürfnis zu ejakulieren, beim Sex oder durch Masturbation.

Wenn Sie im Laufe des Tages also nicht tief und voll atmen, sind Sie, wenn Sie Ihrer Sexpartnerin begegnen, mit Fantasien angefüllt und es drängt Sie zu ejakulieren. Um vorzeitige Ejakulationen zu vermeiden, ist es daher wichtig, den ganzen Tag voll, tief und sehr kraftvoll zu atmen. Beim Einatmen sollte Sie spüren, wie die Energie in der Vorderseite Ihres Körpers abwärtsströmt und Ihren Bauch und Ihre Genitalien erfüllt. Beim Ausatmen sollten Sie spüren, wie die Energie von Ihrem Beckenboden aufwärts durch die Wirbelsäule und in Ihren Kopf gezogen wird.

Wenn Sie Ihren Atem auf diese Weise zirkulieren lassen, den Vorderkörper abwärts und die Wirbelsäule aufwärts, kann Ihre innere Energie frei strömen. Sie kann nicht länger Ihren Kopf und Ihre Genitalien verstopfen oder anspannen. Und Ihr Drang zu ejakulieren verringert sich.

Beim Sex wird die Lebenskraft in Ihrem Körper verstärkt. Wenn Sie immer erregter werden, beschleunigt sich Ihr Atem und Ihr Körper vibriert und windet sich vor Energie, die sich normalerweise auf die Genitalregion konzentriert. Wenn Sie nicht darauf achten, diese Energie mit Ihrem Atem zu lenken, staut sie sich in Ihren Genitalien auf und erzeugt einen Druck, der zur Ejakulation drängt, um sich aufzulösen.

Es gibt eine spezielle Übung, die Sie während der gesamten sexuellen Begegnung und auch bei der Annäherung an den Orgasmus durchführen können. Mithilfe dieser Übung ändern Sie die Richtung des Orgasmus und lassen Ihre Ejakulation nicht durch Ihren Penis auswärts verlaufen, sondern lenken sie Ihre Wirbelsäule aufwärts. Auf diese Weise erfahren Sie intensivste körperliche Glückseligkeit und emotionale Offenheit – weit über das kurze Vergnügen und den erschöpften Frieden eines ejakulativen Orgasmus hinaus.

Um diese Übung zu praktizieren, müssen Sie lernen, die Muskeln in Ihrem Beckenboden bewusst anzuspannen. Dieser Bereich umfasst Ihre Genitalien, Ihren Anus und Ihr Perineum, also den Abschnitt zwischen Anus und Genitalien. Wenn Sie bei dieser Übung den Beckenboden anspannen, fühlt sich das so ähnlich an, als wollten Sie versuchen, Ihren Toilettendrang zu unterdrücken.

Üben Sie anschließend, Ihren Beckenboden aufwärts in den Körper hinein und zur Wirbelsäule zu ziehen, und dabei Ihr Skrotum aufwärtszubewegen.

Üben Sie, in einer einzigen Bewegung den gesamten Beckenboden, den Anus, das Perineum und die Genitalien anzuspannen und aufwärtszuziehen. Sie können jedes Mal eine Reihe von 15 bis 20 Kontraktionen durchführen, die Sie so lange wie möglich halten. Führen Sie drei-, viermal täglich mehrere solcher Übungsreihen durch.

Mit der Zeit können Sie Ihren Beckenboden mit Leichtigkeit anspannen, aufwärtsziehen und so lange in dieser Position halten, wie Sie das wünschen. Sie haben die nötige Muskelkontrolle entwickelt, um jetzt den subtileren Schritt in Angriff zu nehmen, Ihre Energie die Wirbelsäule aufwärtszubewegen.

Am Anfang kann es Ihnen vorkommen, als entsprängen die Energiebewegungen in Ihrem Körper nur Ihrer eigenen Vorstellung. Aber mit etwas Übung werden Sie leichter sehen oder spüren, dass sich die Energie tatsächlich bewegt. Schließlich wird es Ihnen auch keine Probleme bereiten, diese Energie in Momenten starker sexueller Stimulation zu spüren, wenn sie sich in Ihrer Genitalregion aufbaut und mit der Ejakulation losgelassen wird. Sie spüren sie wie Wasser, das sich hinter einem Damm aufstaut und herausschießen will. Nun, dieselbe

Energie kann auch aufwärtsschießen. Wenn das geschieht, erleben Sie einen Orgasmus, der viel lustvoller ist, als die kurze Explosion einer typischen genitalen Ejakulation, und auch viel heilsamer und belebender.

Üben Sie beim Sex, schon bevor die Ejakulation naht, Ihren Beckenboden wie beschrieben anzuspannen. Spannen Sie ihn an, ziehen Sie ihn aufwärts und lenken Sie die Energie gleichzeitig in Ihrer Wirbelsäule aufwärts. Sie müssen ausprobieren, ob sich die Energie besser beim Einatmen oder beim Ausatmen die Wirbelsäule aufwärtslenken lässt – bei den meisten funktioniert es besser beim Ausatmen. Wenn Sie gleichzeitig Ihren Beckenboden aufwärts anspannen und durch die Wirbelsäule atmen, wird Ihre Erektion ein wenig schwächer werden und das Bedürfnis zu ejakulieren wird abklingen. Wiederholen Sie diese Übung beim weiteren Liebesspiel so oft wie nötig, um entspannt und offen zu bleiben.

Selbst wenn Sie diese Übung praktizieren, können Sie manchmal spüren, dass Sie kurz vor einem Orgasmus stehen. Hören Sie an diesem Punkt auf, sich zu bewegen, ziehen Sie den Beckenboden hoch und lenken Sie die Energie des Orgasmus mit Ihrem Atem die Wirbelsäule aufwärts. Manche Männer finden es hilfreich, neben der Aufwärtskontraktion des Beckenbodens und dem aufwärtsgelenkten Atem in der Wirbelsäule ihre Hände zu Fäusten zu ballen, die Zähne aufeinanderzubeißen, und aufwärtszublicken, besonders wenn der Drang zu ejakulieren sehr stark ist. Mit wachsender Übung werden alle Muskelaktivitäten jedoch immer subtiler und sanfter, bis Sie die gesamte Übung primär nur noch mit Ihrem Atem, Ihrem Fühlen und Ihrer Absicht steuern.

Entspannen Sie sich, wenn die Energie Ihre Wirbelsäule aufwärtsschießt, und genießen Sie die Farben, die Gefühle und die Glückseligkeit, die Ihren Kopf erfüllen und durch Ihren Körper hinabregnen. Sobald Sie diese Praxis beherrschen, können Sie dieselben Empfindungen in Ihrer Partnerin wecken, indem Sie sich vom Herzen aus in sie einfühlen, während die Energie des Orgasmus Ihre Wirbelsäule aufwärtsschießt. Die Aufwärtsbewegung Ihrer Energie zieht die Energie Ihrer Partnerin mit sich wie ein Magnet.

Diese Übung kann erst erfolgreich sein, wenn es Ihnen gelingt, sich während der sexuellen Umarmung in Liebe hinzugeben. Liebe ist die Herrscherin der Energie. Sie müssen üben, in der sexuellen Vereinigung immer mehr selbst zur Liebe zu werden. Gleichgültig, wie hart Ihr Arbeitstag war, gleichgültig, mit welchen Lasten Sie in Ihrem Leben zu kämpfen haben – die sexuelle Begegnung sollte immer eine Gelegenheit sein, Liebe zu praktizieren. Wie eine Meditation oder ein Gebet, sollte auch die sexuelle Begegnung ein besonderer Anlass sein, an dem Sie üben, Ihr Herz zu öffnen und Ihre Liebe voll zu geben, in und durch Ihre Partnerin und in liebender Verbindung mit allem, was Ihnen heilig ist.

Ist Ihr Herz verschlossen, wird Ihr Energiefluss behindert und Sie sind nicht in der Lage, Ihren kurzen Erguss in einen Blitzschlag der Liebe zu verwandeln. Wenn Sie keine Liebe üben, wird Ihre sexuelle Energie von alten körperlichen und emotionalen Gewohnheiten regiert, die sich alle um den kleinen Aufruhr der Ejakulation drehen. Wenn Sie Ihre sexuelle Glückseligkeit also so weit wie möglich ausdehnen wollen, denken Sie daran, dass Ihre emotionale Verfassung viel wichtiger ist als die Techniken selbst.

Weil jeder Mensch anders ist, müssen Sie mit den Techniken – die immer der Liebe dienen – experimentieren und herausfinden, welche Ihnen am besten liegen. Mit etwas Übung werden Sie bald in der Lage sein, tiefe, nichtejakulative Orgasmen zu erleben, die in Ihrem Körper in Form von Licht aufwärtsschießen, Ihr Herz weit öffnen, Ihre Energie beleben und Ihren Körper mit Glückseligkeit vibrieren lassen. Sie werden das Liebesspiel so lange fortführen können, wie Sie wollen und mit dem sexuellen Akt Ihre Lebenskraft nicht länger erschöpfen, sondern verjüngen.

Hier noch einmal die Punkte, an die Sie sich erinnern sollten, wenn Sie mit den Techniken experimentieren und herausfinden wollen, was für Sie am besten funktioniert:

1. Bleiben Sie vollkommen präsent, anstatt zu fantasieren oder sich irgendwelchen sexuellen Vorstellungen hinzugeben. Seien Sie sich Ihres Körpers, Ihres Atems und Ihres Geistes bewusst und schenken Sie Ihrer Partnerin die volle Aufmerksamkeit. Brechen Sie die beim Masturbieren gelernte Gewohnheit, sich auf Fantasien zurückzuziehen, indem Sie die sexuelle Begegnung bewusst als waches Liebesspiel mit Ihrer Partnerin üben.
2. Ihr Körper bleibt entspannt und voll. Entspannen Sie besonders die Vorderseite Ihres Körpers, sodass Ihr Bauch weit und Ihr Herz weich und offen ist. So verhindern Sie, dass sich in irgendeinem Gebiet zu viel Spannung aufbaut.
3. Lernen Sie, in Ihre Partnerin hinein- und durch sie hindurchzufühlen, sodass Ihre Aufmerksamkeit über Ihre eigenen Empfindungen und sogar über die Ihrer Partnerin hinausreicht. Üben Sie, Ihr Fühlen über alle Grenzen hinweg zu erweitern, als fühlten Sie in die Unendlichkeit. Mit anderen Worten: Erleben Sie alles, was Sie fühlen, voll und ganz, und fühlen Sie dann darüber hinaus. Sie konzentrieren sich in der sexuellen Begegnung also nicht auf eine bestimmte Wahrnehmung, sondern fühlen konstant durch alle Empfindungen hindurch und über sie hinaus.
4. Praktizieren Sie im Laufe des Tages und während des Liebesspiels das zyklische Atmen, indem Sie die Energie beim Einatmen im vorderen Körper abwärts- und beim Ausatmen in der Wirbelsäule aufwärtsbewegen. Chronisches, maßloses Denken oder die Abhängigkeit von der Ejakulation sind oft Zeichen dafür, dass Ihre Energie blockiert ist und Sie im Laufe des Tages nicht zyklisch atmen.
5. Üben Sie bei der sexuellen Begegnung gelegentlich Ihren Beckenboden aufwärts anzuspannen und die sexuelle Energie mit Ihrem Atem die Wirbelsäule hinaufzulenken, sodass sie Ihren

gesamten Körper erfüllt. Besonders wenn Sie sich dem Orgasmus nähern, können Sie die Aufwärtskontraktion Ihres Beckenbodens mit der Atmung durch die Wirbelsäule kombinieren, damit sich der Orgasmus nicht abwärts durch Ihre Genitalien entlädt, sondern aufwärts zu Ihrem Gehirn und sogar durch den Kopf schießt. Ein solcher Aufwärts-Orgasmus wird sich dann anfühlen, als sickere er sanft durch jede Zelle Ihres Körpers und erfülle Sie mit gleißendem, offenem Licht.

Diese Techniken zeigen keine echte Wirkung, wenn der Sexualakt nicht zu einer Liebesübung wird. Die natürliche Intelligenz der Liebe selbst lässt die Energie auf die gesündeste Weise kreisen. Diese Techniken sind in erster Linie Übungen, um den jahrelangen schlechten Sexgewohnheiten entgegenzuwirken, die Sie wahrscheinlich als Teenager beim Masturbieren gelernt haben. Wenn Sie die Gewohnheit, automatisch zu ejakulieren, abgelegt und Ihre Energie von Blockaden befreit haben, wird die Kraft Ihres Herzens Ihre Orgasmen ganz natürlich aufwärtslenken und durch den Kopf, den Körper und das Gehirn explodieren lassen, bevor sie in einem Schauer der Glückseligkeit herabregnen und Sie nicht nur verjüngen, sondern Ihre harten Grenzen auflösen wie Schatten in der Sonne.

TEIL 8

Yoga der Intimität für Männer und Frauen

47
Würdigen Sie die primäre Asymmetrie

Intime Beziehungen stehen im Leben eines maskulinen Mannes nie an erster Stelle, im Leben einer femininen Frau jedoch immer. Für einen Mann mit einer maskulinen Essenz gibt es nichts Wichtigeres als seine Mission, seine Ausrichtung auf die Verwirklichung größerer Losgelöstheit, Freiheit und Bewusstheit. Für eine Frau mit einer femininen Essenz gibt es nichts Wichtigeres als den Fluss der Liebe in ihrem Leben, und das umfasst ihre Beziehung mit einem Mann, dem sie vollkommen vertrauen kann – körperlich, emotional, mental und spirituell. Der Mann und die Frau müssen sich gegenseitig in ihren Prioritäten unterstützen, wenn die Beziehung Ihnen beiden dienen soll.

Obwohl Sie und Ihre Partnerin gleichwertige Menschen sind, unterscheiden Sie sich maßgeblich, was Ihr Wesen angeht. Wenn Ihre Partnerin eine feminine Essenz hat, fühlt sie sich innerlich erfüllt, wenn die Liebe strömt. Hat sie zum Beispiel Probleme bei der Arbeit, ihr Leben ist jedoch von der Liebe zu ihren Kindern, ihren Freunden und Ihnen erfüllt, dann ist sie auch in ihrem Kern erfüllt.

Bei Ihnen ist das anders. Wenn Sie eine maskuline sexuelle Essenz haben, können Ihre Partnerin und Ihre Kinder Sie noch so sehr lieben, aber wenn Ihre Karriere oder Ihre Mission auf dem Spiel stehen, fühlen Sie sich nicht wohl. Sie *wollen* nicht einmal so sehr die Nähe zu Ihrer Frau, bevor Ihre Karriere oder Ihre Mission wieder in Ordnung gebracht sind.

Im Kern ihres Wesens wird Ihre Partnerin durch die Liebe erfüllt. Und Ihr Wesenskern wird von Stress befreit, wenn Sie Ihr Leben an Ihrer Mission ausrichten. Für Sie ist Intimität etwas, das Sie zusätzlich zu Ihrer Lebensaufgabe genießen. Für Ihre Partnerin steht die Intimität im Zentrum und wirkt sich auf alle anderen Bereiche aus.

Wenn Ihre gemeinsame intime Beziehung blüht, ist das Leben Ihrer Partnerin mit der Farbe der Liebe erfüllt. Sie fühlt sich gut – bei der Arbeit, zu Hause, im Bett. Verläuft Ihre intime Beziehung nicht so gut und Ihre Partnerin fühlt sich ungeliebt, abgewiesen, verletzt oder von Ihnen verlassen, ist ihr Tag von Schmerz überschattet. Bei der Arbeit, zu Hause und im Bett wird der Schmerz der Lieblosigkeit ihre Stimmung färben.

Für Sie verhalten sich die Dinge anders. Wenn Ihre intime Beziehung nicht gut läuft, können Sie es kaum erwarten, das Haus zu verlassen und zur Arbeit zu gehen. Dort können Sie in Ihrem Element sein, eins mit Ihrem Lebensziel und glücklich. Für Sie ist die intime Beziehung nur ein Lebensbereich von vielen. Wenn Sie von Ihrer Mission absorbiert sind, vergessen Sie darüber Ihre Beziehung. Bei Ihrer Partnerin steht die Intimität im Zentrum des Lebens und wirkt sich auf alles aus, was sie tut. Das ist die primäre Asymmetrie in Beziehungen.

Es geht jedoch noch viel weiter. Für die meisten Männer ist ihre Partnerin ersetzbar. Hart, aber wahr. Wenn Sie wie die meisten Männer sind, wissen Sie in der Tiefe Ihre Wesens, dass Sie zwar trauern würden, wenn Sie Ihre derzeitige Partnerin verlören, aber irgendwann würden Sie wieder eine neue Partnerin finden. Wahrscheinlich haben Sie sich schon öfter vorgestellt, wie es wäre, eine andere Frau zu finden, obwohl Sie Ihre derzeitige Partnerin noch gar nicht verloren haben. Weil seine Lebensaufgabe für einen Mann den größten Stellenwert hat, wird er sich immer von Frauen angezogen fühlen, die seine Mission am meisten unterstützen. Wenn er das Gefühl hat, eine andere Frau würde ihn anregen und ihm mehr Energie für seine Mission geben, könnte er sie als Beziehungspartnerin begehren.

Doch im Herzen Ihrer Partnerin sind Sie fest verankert. Sie fühlt Sie den ganzen Tag. Sie spürt, was mit Ihnen los ist. Ihr Herz ist durch Gefühlsfäden mit dem Ihrigen verbunden, Tag und Nacht. Aus ihrer Sicht sind Sie nicht zu ersetzen. Sie denkt nicht so oft an andere Optionen, wie Sie das wahrscheinlich tun. Für Sie ist die Beziehungswelt eine Welt der Möglichkeiten, für Ihre Partnerin eine Welt der Wirklichkeit. Ihre gemeinsame Beziehung steht nicht nur im Mittelpunkt ihres Lebens, sie ist auch der wichtigste Auslöser für ihre Stimmungen.

Wenn Ihre Partnerin ihren femininen Kern ablehnt, wird sie gegen ihre natürliche Herzverbindung mit Ihnen ankämpfen. Sie wird versuchen, sich mit ihrer eigenen maskulinen Seite zu identifizieren und die Beziehung zu Ihnen nicht so wichtig zu nehmen. Sie wird denken, dass sie ihr „eigenes Leben führen" und zum Beispiel mehr Energie in ihre Karriere investieren sollte. Zwar ist es für Männer und Frauen gleichermaßen wichtig, vollständig und unabhängig zu werden, doch wenn Ihre Partnerin versucht, den Stellenwert zu mindern, den die Beziehung zu Ihnen in ihrem Leben innehat, verletzt sie sich nur selbst. Wenn sie eine feminine sexuelle Essenz hat, gehört der Wunsch nach dem Strömen der Liebe zu ihrem Wesen, ganz gleich, wie wichtig ihr ihre Karriere und andere Aktivitäten sind.

Ohne eine tiefe und intime Liebesbeziehung – mit Ihnen oder mit dem Göttlichen – ist sie verwundet. Sie wird den Schmerz niemals stillen, indem sie sich auf ihre Karriere, ihre Kunst, ihre Freunde konzentriert. Wenn sie eine feminine Essenz hat, muss sie sich selbst ernst nehmen, indem sie ihr tiefes Verlangen nach dem Fluss der Liebe in ihrem Herzen anerkennt, ebenso, wie ein Mann oder eine Frau mit einer maskulinen Essenz ihre Zielsetzung im Leben ernst nehmen müssen, um wirklich glücklich zu sein. Unsere Kultur ist so antifeminin, dass viele Frauen versuchen, das weibliche Verlangen im Kern ihres Wesens zu leugnen und die männliche Hingabe an eine Mission zu übernehmen. Indem sie ihre feminine Essenz leugnen, neigen solche Frauen dazu, im Herzen leer zu sein, unter Depressionen zu leiden und körperliche Krankheiten zu entwickeln.

Auch Sie dürfen die Essenz Ihrer Partnerin nicht leugnen, indem Sie denken oder sagen: „Dein ganzes Leben dreht sich nur um unsere Beziehung! Das ist nicht gesund. Leg dir endlich ein eigenes Leben zu, such dir eine eigene Richtung, eine eigene Karriere, eigene Freunde. Beschwer dich nicht immer über unsere Beziehungsprobleme, krieg lieber dein Leben auf die Reihe!"

Es ist nur vernünftig für eine Frau, ein erfüllendes und engagiertes Leben außerhalb ihrer Beziehung zu führen, doch es ist weise, zu verstehen, dass das Fließen der Liebe für ihre feminine Essenz immer das Wichtigste ist. Das ist eine unumstößliche Tatsache. Dieser Fluss der Liebe kann in direkter Beziehung mit dem Göttlichen strömen, doch meistens fließt er in der Beziehung zu einem Mann.

Das Verlangen nach intimer Liebe ist für Ihre Partnerin ebenso wichtig, wie für Sie das Streben nach finanzieller, psychologischer und spiritueller Freiheit. Denken Sie einmal darüber nach, wie viele Stunden Sie jeden Tag für Ihre Ziele aufbringen und wie viel Zeit Sie vergleichsweise darauf verwenden, dem tiefen Verlangen Ihrer Partnerin nach der Vermehrung der Liebe zu dienen. Wenn Sie wollen, dass sie Ihre Suche nach Freiheit anerkennt, müssen Sie sie in ihrer Liebe für die Liebe gleichermaßen würdigen und unterstützen. Aus ihrer Hingabe an die Liebe können Sie viel lernen.

Manche Männer fühlen sich schuldig, weil sie nicht so stark in der Beziehung aufgehen wie ihre Partnerin. Sie müssen verstehen, dass das natürlich ist. Wenn Ihre Essenz maskulin ist und die Ihrer Partnerin feminin, wird Ihre intime Beziehung Sie nie so beschäftigen, beunruhigen oder begeistern wie Ihre Partnerin. Spielen Sie niemandem etwas vor. Versuchen Sie nicht, Ihrer Partnerin zuliebe betroffen zu erscheinen. Sie kann spüren, wie es Ihnen wirklich geht. Bleiben Sie stattdessen Ihren echtesten Wünschen treu und widmen Sie Ihr Leben und all Ihre Gaben der Verwirklichung Ihrer höchsten Ziele.

Wenn eines Ihrer höchsten Ziele psychologische oder spirituelle Freiheit ist, werden Sie Ihre intime Beziehung zutiefst wertschätzen. Niemand drückt Ihnen besser die Knöpfe und spiegelt Ihr inneres Arschloch perfekter als Ihre Partnerin. Sie legt Ihre Schwächen gnadenloser bloß als ein Feldwebel in einem Ausbildungslager der Armee. Sie reflektiert Ihre Ambivalenz und oder Klarheit besser als jeder Seminarleiter. Sie besorgt es Ihnen besser als eine Nutte und schenkt Ihnen mehr Liebe als Sie annehmen können. Und dabei überschüttet sie Ihr Leben mit Strahlen, Segnungen, Heilung und Lebendigkeit – wenn sie lernt, zu ihrem wahren femininen Verlangen zu stehen und wenn Sie lernen, zu Ihrem wahren maskulinen Verlangen zu stehen.

Wenn Sie in Ihrer intimen Beziehung die primäre Asymmetrie würdigen, können Sie sich beide auf Ihr wahres Verlangen konzentrieren, anstatt sich im Dienste eines imaginären Waffenstillstands zwischen den Geschlechtern auf Kompromisse einzulassen. Wenn Ihr Leben wahrhaft auf Ihr höchstes Ziel ausgerichtet ist, werden Sie präsenter, liebevoller und humorvoller. Wenn Ihre Intimität nicht ständig auf diese Weise wächst, ist Ihr Leben nicht auf Ihr höchstes Ziel ausgerichtet.

Dasselbe gilt für Ihre Partnerin: Wenn sie sich ihrem wahren Herzensverlangen widmet, werden Sie es spüren. Ihre Energie, ihr Strahlen, ihre Weisheit und ihre Macht, den Himmel auf Erden zu erschaffen, werden Sie ständig nähren, selbst wenn sie nicht auf Sie gerichtet sind. Sie werden von ihrem Zauber inspiriert, von ihrer Sexualität betört, von ihrer Weisheit beeindruckt und von ihrer Lebendigkeit, die so liebevoll durch ihren Körper strömt, belebt werden. Hat sie sich jedoch entschieden, ihr Herzensverlangen zu leugnen und männlichere Ziele und Missionen an die Stelle ihres Wesensbedürfnisses zu setzen, werden Sie beide leiden. Ihr Strahlen wird verblassen, ihre Zurückhaltung wird zunehmen und Ihre beiden Herzen werden sich nie wirklich entspannt auf die Intimität einlassen können.

Ihre Partnerin könnte die Geschäftsführerin einer großen Firma sein und Sie ein Hausmann. Das ist in Ordnung, solange Sie Ihr höchstes Lebensziel ausleben und das Leben Ihrer Partnerin der Liebe dient. Würdigen Sie diese primäre Asymmetrie in sich selbst und in Ihrer Partnerin. Nur wenn Sie beide bereit sind, das tiefste Wesenbedürfnis des anderen zu unterstützen, wird die intime Beziehung Ihnen beiden geben, was Sie sich wünschen – und Sie vielleicht sogar darüber hinaustragen, in die absolute Freude des Seins, die in Ihrer Beziehung als Verheißung schlummert.

48
Sie sind für die Entwicklung Ihrer Beziehung verantwortlich

In jeder Beziehung gibt es maskuline und feminine Gaben, und jede dieser Gaben bringt ihre eigene Verantwortung mit sich. Der Mann trägt hauptsächlich die Verantwortung für die Entwicklung und die Richtung der Beziehung. Die Frau trägt hauptsächlich die Verantwortung für die Energie, das Vergnügen, das sexuelle Fließen und die Lebendigkeit der Beziehung. Einfacher gesagt: Der Mann ist für die tiefe Liebe und die gefühlsmäßige Offenheit der Frau verantwortlich, und die Frau ist für die „Erektion" des Mannes und die Energie in seinem Körper verantwortlich.

Wenn Sie sich zu einem Erwachsenen entwickelt haben, brauchen Sie keinen mehr, der sich um Sie kümmert. Sie allein tragen die Verantwortung für sich selbst. Sie allein tragen die Verantwortung für Ihr Glück. Niemand kann Ihr Leben für Sie leben. Sie müssen sich um Ihre eigene Gesundheit, Ihren eigenen Erfolg und Ihr eigenes Glücklichsein kümmern.

Dieses Gefühl der Selbstverantwortung ist aber nur ein Teil der Reife. Die Verantwortung für Sie selbst wird ergänzt durch die Verantwortung, Ihre Gaben in die Welt zu bringen. Es ist wichtig, Ihr Glück nicht länger von Ihrem Beziehungspartner abhängig zu machen. Aber es ist genauso wichtig, über simple Unabhängigkeit und Autonomie hinauszuwachsen. Ist die persönliche Unabhängigkeit erreicht, besteht die nächste Stufe in der Beziehung darin, in den Fluss des Gebens einzutauchen und einander in Liebe zu dienen.

Sie haben sicher schon gemerkt, dass sich Ihre Partnerin in ihren Stimmungen verlieren kann. Sie kann plötzlich in eine hektische, nervöse Phase geraten. Oder sie fühlt sich niedergeschlagen und schleicht umgeben von einer schwarzen Wolke durch das Haus. Den meisten Frauen fällt es extrem schwer, aus der Stimmung, in der sie gerade sind, auszusteigen. Ihre liebevolle Intervention ist eine der großartigsten maskulinen Gaben, die Ihnen zur Verfügung stehen. Sie sollten allerdings nicht zu ihrem Therapeuten werden, sondern zu ihrem Weckruf, ihrem Herzöffner, demjenigen, der sie an das Primat der Liebe erinnert. Wenn Sie mehr als fünf Minuten brauchen, um Ihre Partnerin für die Liebe zu öffnen, reden Sie wahrscheinlich zu viel und handeln zu wenig. Oder Sie haben möglicherweise Ihr wahres Lebensziel vergessen.

Ihre maskuline Gabe besteht darin, zu wissen, wo Sie sind, wo Sie sein wollen und was Sie tun müssen, um dorthin zu gelangen. Wenn Sie das nicht wissen, müssen Sie es mit allem, was Ihnen zur Verfügung steht, herausfinden. Diese Vision ist das essenziell wichtigste Geschenk, das Sie Ihrer Partnerin und der Welt zu geben haben. Wenn Sie keine höhere Vision haben als die tagtägliche Tretmühle aus Hausarbeit, Job, Kindererziehung, Fernsehen und Urlaub, versagen Sie sich Ihr Geburtsrecht. Ihre Partnerin wird sich ebenso wie die Welt von Ihnen betrogen und unbeschenkt fühlen. Und sie wird Ihnen im Gegenzug weniger von sich geben.

Wenn Ihre Partnerin immer gestresst ist, müssen Sie für sie wissen, was sie ganz praktisch an ihrem Leben ändern könnte, um entspannt zu sein. Vielleicht sollte sie sich mehr bewegen, mehr meditieren, ihre Karriere verändern, mehr tanzen oder mehr Zeit mit ihren Freundinnen verbringen. Wenn Ihre Partnerin sich meistens unerfüllt vorkommt, müssen Sie für sie wissen, was ihr fehlt. Wie häufig öffnet sie ihr Herz und ihren Körper in der unaufhaltsamen Ekstase vollkommener Hingabe? Wie häufig verliert sie sich voll und ganz in der göttlichen Liebe, die sie umgibt? Wie oft dienen Sie ihr, um sie dabei zu unterstützen?

Spielen Sie den „sensiblen Mann“, der ihr „Raum gibt“, sich elend zu fühlen, anstatt sie unbeirrbar und furchtlos mit seinen Gaben zu beschenken? Und wenn sie Ihre Gaben, Ihre tiefste Weisheit und Ihre frei fließende Liebe ablehnt, warum sollten Sie dann mit ihr zusammen sein? Ihre wichtigste Gabe in Ihrer intimen Beziehung besteht darin, Ihre Partnerin von Moment zu Moment aus ihren dunklen Stimmungen in die Offenheit der Liebe zu führen, sodass die göttliche Liebe in ihrem Leben täglich zunimmt, sogar über die Beziehung hinaus, und ihr Leben immer mehr zu einer Vereinigung mit dem Göttlichen, einem Geschenk, einer Feier wird. Wenn Sie Ihrer Partnerin eine solche Begleitung nicht bieten können, was haben Sie ihr zu geben? Warum ist sie überhaupt mit Ihnen zusammen? Was ist der Sinn Ihrer Beziehung?

Um diese maskuline Gabe geben zu können, müssen Sie täglich üben. Wie ein Musiker, der sein Instrument übt, müssen Sie täglich die Kunst üben, durch Ihre Angst hindurchzufühlen, Ihre Grenzen zu spüren und sich dann mit Ihrem Leben über die Grenzen hinauszuwagen, ohne in Bequemlichkeit zu versinken, aber auch ohne sich so massiv anzutreiben, dass Sie sich von der Quelle abschneiden. Die Quelle Ihrer tiefsten Wahrheit muss immer mehr zum Impulsgeber Ihres Lebens werden. Mit der Zeit müssen sich all Ihre Aktivitäten an dieser Quelle ausrichten. Das gilt auch für Ihre Beziehung.

Weil Sie wahrscheinlich dazu neigen, sich in Ihren Gedanken, Zielen und Projekten zu verlieren, ist es eine der wichtigsten Gaben Ihrer Partnerin, Sie wieder in Ihren Körper, in die Gegenwart, in die Liebe und die Verbindung zu Ihrer Quelle zurückzubringen. Mit ihren Berührungen, ihrer Liebe und ihrer Anziehungskraft beschenkt sie Sie mit neuer Energie, sodass Ihr gesamter Körper voll und lebendig wird wie eine Erektion und Sie bereit sind, die Welt in Liebe zu durchdringen. Und selbst wenn Ihre Partnerin die Präsidentin der USA wäre – solange Sie eine maskuline Essenz besitzen, wird sie Sie mit der anziehenden Kraft ihrer weiblichen Energie wieder in Ihren Körper bringen.

Ohne eine Frau, die Ihrer derzeitigen Verkörperung der Liebe dient, können Sie Ihre Zeit größtenteils damit zubringen, an Ihren Projekten zu arbeiten, auf den Bildschirm Ihres Computers zu starren, Gedanken zu wälzen oder zukünftige Ziele anzustreben, die finanzielle oder spirituelle Freiheit versprechen. Und dabei verlieren Sie den Bezug zur Gegenwart, zu Ihrem Körper und zur femininen Energie.

Wenn Sie einfach im Körper und mit Ihrer Partnerin verweilen können, voll gegenwärtig und ohne in Ihren Kopf und die Trennung abzuschweifen, dann beginnen sich alle Grenzen in der Offenheit Ihrer Liebe aufzulösen. Wenn Sie durch Ihren Körper und Ihre Partnerin hindurchfühlen können, werden beide transparent und die Quelle, die strahlende Substanz der Existenz, wird durch sie offensichtlich. Ihre natürliche Geste gegenüber dieser Enthüllung der Transparenz ist es, zu dienen. Es gibt nichts zu tun, als sich im Geben Ihrer Gabe aufzulösen.

Vielleicht will Ihre Partnerin Ihr Geschenk gar nicht annehmen. Vielleicht lehnt sie es ab. Vielleicht lehnt auch die Welt Ihre Gabe ab. Aber Sie haben keine Wahl. Leben Sie auf Messers Schneide. Lieben Sie so voll wie möglich. Lassen Sie Ihren Körper aufrecht dastehen, erfüllt mit der Energie Ihrer tiefsten Quelle. Und übernehmen Sie die volle Verantwortung dafür, der Welt und Ihrer Partnerin die Liebe weiterzugeben, die Sie selbst verwirklicht haben. Beide werden Sie scheinbar zurückweisen und verführen, bis Sie durch sie hindurchfühlen können.

Fühlen Sie durch Ihre Partnerin und die Welt hindurch und sterben Sie im Akt des Gebens.

49
Bestehen Sie auf Übung und Wachstum

Die Zielrichtung des Lebens ist eine Priorität des Maskulinen, sogar in intimen Beziehungen. Ein spirituell unreifer Mann könnte zu seine Frau sagen: „Hier bestimme ich, sonst läuft gar nichts!" Ein Mann, der begonnen hat, sich zu entwickeln, schwächt seine Ziele oft ab, spielt den „Verständnisvollen" und versucht, Kompromisse zu schließen. Ein überlegener Mann gibt sich mit nichts weniger zufrieden als der vollständigsten Verkörperung der Liebe, zu der er und seine Partnerin fähig sind. Voller Mitgefühl durchschlägt er alle Spielchen und verlangt Echtheit und Humor. Das ist, als sagte er zu seiner Frau: „Hier bestimmt das Göttliche, sonst läuft gar nichts!" Er besteht ebenso darauf, die Richtung anzugeben, wie ein schwächerer Mann. Aber anstatt von seiner Partnerin zu verlangen, seiner persönlichen Zielsetzung zu folgen, will ein überlegener Mann, dass sie sich in die Richtung bewegt, die ihrer Entfaltung in Liebe und Glück am meisten dient. Mit weniger gibt er sich nicht zufrieden.

Wenn Sie Ihre eigene Zielrichtung im Leben nicht einmal kennen, stehen Sie mit Sicherheit auch auf unsicherem Boden, was die Lebensrichtung Ihrer Partnerin angeht. Der erste Schritt besteht also darin, Ihr eigenes Leben so auszurichten, dass Sie – zumindest im gegenwärtigen Augenblick – auf Messers Schneide leben und voll in Ihrem Lebensziel aufgehen. Wenn Sie nicht wirklich sicher sind, dass

Sie in diesem Augenblick Ihr Leben genauso leben, wie sie es müssen, dann spürt Ihre Partnerin Ihre mangelnde Klarheit und wird sich gegen jede Art der Führung wehren, die Sie ihr anbieten.

Sie können Ihr Lebensziel leicht aus dem Blick verlieren, wenn Sie im täglichen Einerlei aus Projekten, Geschäften und Pflichten verloren gehen. Ihre Partnerin kann die Liebe im Kern ihres Wesens ebenfalls vergessen, wenn sie sich in ihren Kreisläufen aus Stimmungen und Emotionen verliert. Als Geschenk an Sie beide – und um die Wahrheit freizulegen – müssen Sie Ihre Hamsterrad-Mentalität ebenso durchtrennen wie die Tendenz Ihrer Partnerin, in Traurigkeit, Angst und Zorn zu versinken. Je tiefer Sie schon in das Mysterium der Existenz vorgedrungen sind, desto tiefer ist auch die Ebene, der Ihr Geschenk entspringt. Jedes Hindernis zu dieser Tiefe – ob in Ihnen oder in Ihrer Partnerin – muss augenblicklich durchtrennt werden, sodass Ihre Gabe aus der tiefsten Quelle kommen kann.

Wenn Sie die Hindernisse nicht beseitigen und die Richtung vorgeben, wird Ihre Partnerin das übernehmen. In intimen Beziehungen folgen die maskulinen und femininen Energien dem Gesetz der Energieerhaltung. Je weniger Sie die Wahrheit Ihrer männlichen Zielsetzung leben, desto mehr wird Ihre Partnerin die maskuline Leitung übernehmen. Wenn Sie in irgendein Traumland abdriften oder hart arbeiten, ohne Ihre wahren Gaben zu leben, kann Ihre Partnerin Ihnen diesen Mangel an einer klaren Ausrichtung nicht verzeihen. Sie wird das maskuline Schwert selbst in die Hand nehmen und versuchen, Ihre Träumereien zu durchschneiden, damit Sie die innere Dringlichkeit verspüren, sich mit Ihren Tiefen verbinden und wirklich Ihr Bestes geben.

Da Ihr Wesenskern jedoch maskulin ist, wird Sie der maskuline Versuch Ihrer Partnerin, Ihre Träumereien zu durchschneiden, entpolarisieren. Sie werden miteinander kämpfen wie zwei Stiere, weil Sie beide in Ihrer maskulinen Seite stehen. Und wenn Sie auf Ihre feminine Seite überwechseln, könnte alles noch schlimmer werden. Es könnte für Sie zu einer Gewohnheit werden, in Ihrer Beziehung unter dem Pantoffel zu stehen, ganz gleich, wie stark Sie im Geschäftsleben sind. Ihre Partnerin wird scharf und maskulin und Sie werden auf unechte Weise empfänglich und liebenswürdig, während Sie beide am liebsten kotzen würden.

Wenn Ihre Partnerin Sie chronisch scharf behandelt, ist das wahrscheinlich ein Hinweis darauf, dass Sie sich beide in ihrem Leben nicht an der höchsten Wahrheit ausrichten, ganz gleich, wie erfolgreich Sie außerhalb der Beziehung auch sein mögen. Sie durchtrennen nicht das Unterholz Ihrer Pflichten und die Stimmungen Ihrer Partnerin, um die fruchtbare Quelle Ihres Lebens freizulegen. Also muss Ihre Partnerin ihr eigenes Schwert schwingen. Gemäß dem Gesetz der Erhaltung von maskuliner und femininer Energie muss Ihre Partnerin versuchen, all die maskulinen Gaben zu geben, die Sie nicht einbringen. Da aber Ihr eigener Wesenskern in Wirklichkeit maskulin ist, finden Sie die maskulinen Gaben Ihrer Partnerin wahrscheinlich abstoßend, wenn nicht sogar ekelhaft.

Sie tragen die volle Verantwortung dafür, Ihre eigene Trägheit, Ihr Suchtverhalten und Ihre Unklarheit zu durchschneiden. Es gibt nichts abzuwarten und niemanden, der die Schuld trägt. Nutzen Sie alle Methoden, die stimmig für Sie sind. Versuchen Sie, mit Ihren Freunden zu sprechen, eine Therapie zu machen, regelmäßig zu meditieren oder zu beten, auf eine Visionssuche zu gehen, heilige Bücher zu lesen, in der Natur zu wandern, Tagebuch zu schreiben oder bei einem Lehrer zu studieren. Denken Sie daran: Der Erfolg einer jeden Methode, die Sie auswählen, hängt immer davon ab, wie tief Sie sich der Entdeckung Ihrer tiefsten Wahrheit widmen und wie konsequent Sie Ihr Leben an Ihr ausrichten.

Sie können meditieren, bis Sie schwarz werden – es wird Ihnen nichts nützen, wenn Sie in Wirklichkeit lieber masturbieren, Zeitung lesen oder fernsehen, als Ihre Sucht zu durchtrennen, Ihr tägliches Leben zu disziplinieren und Ihre Gabe aus Ihrer tiefsten, glückseligsten Quelle zu schöpfen. Die Entschiedenheit Ihrer Absichten und die Beständigkeit und Intensität bei der Umsetzung entscheiden, ob Sie Ihr eigenes Lebensziel erreichen und das Leben Ihrer Partnerin zu größerem Glück und körperlicher Hingabe in die Liebe führen können.

50
Erneuern Sie Ihr Lebensziel in Einsamkeit und mit anderen Männern

Um sein Lebensziel immer wieder neu zu finden und zu verfeinern, braucht ein Mann die Einsamkeit, echte Herausforderungen und die Gemeinschaft mit anderen Männern, die ihm seinen Schwachsinn nicht durchgehen lassen. Frauen stärken ihr weibliches Strahlen dagegen am ehesten beim Zusammensein, Feiern und Spielen mit anderen Frauen. Ein Mann muss sich für beide Arten der Erholung einsetzen: für seine eigene Einsamkeit und seine Zusammenkünfte mit anderen Männern ebenso wie für die Begegnungen seiner Partnerin mit anderen Frauen.

Wenn Sie zu viel Zeit mit Ihrer Partnerin verbringen, werden Sie sich auf unangenehmste Weise aneinander angleichen. Um mit Ihnen auszukommen, wird Ihre Partnerin beginnen, Ihre männlichen Ausdrucksmuster anzunehmen und sich ihr weibliches Bedürfnis zu versagen, spielerisch und lustvoll zu fließen, ohne auf männliche Weise vernünftig sein oder einen Zweck erfüllen zu müssen. Sie werden beginnen, die weiblichen Berührungs- und Zuneigungsmuster Ihrer Partnerin anzunehmen und Ihr Verlangen zu leugnen, mit Ihrer Mission oder Ihrer Partnerin zur Sache zu kommen. Stattdessen besänftigen Sie sie mit kleinen Wangenküsschen oder tätschelnden Streicheleinheiten. Kurz: Die Göttin und der Krieger werden zu harmlosen Alltagspartnern, die nur noch das zahmste Spiel der sexuellen Polarität miteinander teilen.

Um ihren femininen Kern zu beleben, sollte Ihre Partnerin täglich Momente zielloser Fröhlichkeit erleben. In diesen Zeiten des Tanzens, Singens, Lachens und puren Entzückens sollte sie Körper und Geist von jeglicher Verpflichtung entbinden, maskulin, effizient, kontrolliert, strukturiert oder zielorientiert zu sein. Solche Momente sind besonders erquicklich, wenn sie sie mit anderen Frauen teilt, die ihr weibliches Strahlen und Fließen gegenseitig verstärken und genießen. Wenn Ihrer Partnerin diese ständige feminine Erquickung fehlt, führt diese Unterdrückung der femininen Energie zu Symptomen wie Krankheiten (insbesondere in den weiblichen Organen), wenig Lebenskraft, verringertem Sexualverlangen und weniger Freude am Sex und einer traurigen, niedergeschlagenen Grundeinstellung.

Große Teile der modernen Männerbewegung haben sich darauf konzentriert, den Männern wieder Zugang zu ihren inneren femininen Energien zu verschaffen. Wenn Sie Ihre eigene Vitalenergie auffrischen wollen, können Sie in etwa dasselbe tun, wie Frauen, die ihre weiblichen Energien auffrischen. Sie können in den Wald gehen und dort singen, tanzen und mit Ihren Freunden lachen. Bei Männern, die in ihren maskulinen Zielvorstellungen festgefahren sind, ohne das Fließen der Freude und des lebendigen Miteinanders zuzulassen, zeigt das große Heilwirkung.

Hat ein Mann jedoch seinen Lebenssinn verloren und weiß nicht, was er mit seinem Leben anfangen soll, oder gelingt es ihm nicht, sein Leben an seiner innersten Wahrheit auszurichten, dann sind Singen und Tanzen nicht das richtige Heilmittel für ihn. Um seinen Mangel an Zielvorstellungen zu heilen, muss er die Herausforderung suchen, auf Messers Schneide zu leben, denn er hat die Fähigkeit verloren, es von sich aus zu tun.

Es gibt zwei Möglichkeiten, Sie direkt wieder an Ihre maskuline Kraft anzuschließen: Askese und Herausforderung.

Askese bedeutet, auf die Bequemlichkeiten und die Kissen zu verzichten, unter denen Sie sich gemütlich eingekuschelt und Ihre Wachsamkeit verloren haben. Eliminieren Sie alles, was Sie stumpf macht. Keine Zeitungen oder Illustrierten. Kein Fernsehen. Keine Schokolade, Kekse oder Süßigkeiten. Kein Sex. Kein Kuscheln. Beim Essen oder auf der Toilette nichts lesen. Reduzieren Sie Ihre Arbeitszeit auf das nötige Minimum. Kein Kino. Keine Gespräche, in denen es nicht um die Wahrheit, die Liebe oder das Göttliche geht.

Wenn Sie diese Disziplin ein paar Wochen lang durchhalten und zusätzlich andere Dinge tun, die Ihre besonderen Trägheitsgewohnheiten durchbrechen, wird Ihr Leben von allen Ablenkungen befreit. Was bleibt, ist des Messers Schneide, die Grenze, die Sie anhand Ihrer täglichen Routine vermieden haben. Nun müssen Sie sich dem grundlegenden Unbehagen und der Unzufriedenheit stellen, die die verborgene Struktur Ihres Lebens bilden. Nun fühlen Sie sich durch die Herausforderung belebt, Ihre Wahrheit zu leben, anstatt sich vor ihr zu verstecken.

Unbeschönigtes Leiden ist der Bettgefährte männlicher Entwicklung. Nur indem Sie sich intim auf Ihr persönliches Leiden einlassen, können Sie durch es hindurch zu seiner Quelle fühlen. Wenn Sie Ihre gesamte Aufmerksamkeit auf Arbeit, Fernsehen, Sex und Lesen richten, werden Sie Ihr Leiden nie durchdringen und die Quelle bleibt verborgen. Ihr Leben wird in jeder Hinsicht von Ihren Lieblingsstrategien beherrscht, um das Leiden zu umgehen, das Sie sich nur selten spüren lassen. Und wenn Sie die Oberfläche Ihres Leidens berühren, vielleicht in Form von Langeweile, greifen Sie schnell zu einer Zeitschrift oder der Fernbedienung.

Fühlen Sie Ihr Leid stattdessen, verweilen Sie mit ihm, umarmen Sie es, lieben Sie es. Fühlen Sie Ihr Leid so tief und gründlich, dass Sie es durchdringen, und erkennen Sie seine angstvolle Basis. Fast alles, was Sie tun, tun Sie, weil Sie sich davor fürchten zu sterben. Und doch tun Sie nichts anderes: Sie sterben seit dem Moment Ihrer Geburt. Neunzig Minuten Champions League im Fernsehen können Sie vorübergehend ablenken, aber das ändert nichts an der Tatsache. Sie wurden als Opfer geboren. Und Sie können an dem Opferritual entweder aktiv teilnehmen und sich beim Geben Ihrer Gabe auflösen, oder Sie können ihm Widerstand leisten und leiden.

Wenn Sie die Sicherheitsnetze und Bequemlichkeiten aus Ihrem Leben verbannen, haben Sie die Möglichkeit, diesen Augenblick zwischen Geburt und Tod im freien Fall zu erleben – durch das Loch Ihrer

Angst hindurch in die unausweichliche Offenheit, die Quelle Ihrer Gaben. Der überlegene Mann lebt als dieses spontane Opfer der Liebe.

Neben der Askese haben Sie die Möglichkeit, Ihren maskulinen Wesenskern durch Herausforderungen wiederzuentdecken. Oberflächliche Formen der Herausforderung umfassen Aktivitäten wie Bergsteigen, Fallschirmspringen, Leistungssport und Überlebenstrainings. Solche Arten der körperlichen Herausforderung beleben unmittelbar das maskuline Gefühl von Ziel und Absicht, bei Männern ebenso wie bei Frauen.

Bei den tiefer reichenden Formen der Herausforderung geht es darum, Ihre Gabe direkt zu geben, und zwar auf Arten, die bislang von Ihrer Angst abgeblockt wurden. Wenn Sie sich immer davor gefürchtet haben, öffentlich zu sprechen, können Sie die Herausforderung annehmen, drei Monate lang einmal die Woche eine öffentliche Rede zu halten. Wenn Sie einen Termin versäumen, müssen Sie in der folgenden Woche drei Ansprachen halten. Wenn Sie immer schon einen Roman schreiben wollten, aber nie über das erste Kapitel hinauskamen, erzählen Sie Ihren Freunden, dass Sie ein Jahr lang zwanzig Seiten pro Woche (oder pro Monat) schreiben werden. Jedes Mal, wenn Sie Ihr Ziel nicht erreichen, schulden Sie Ihren Freunden 1.000 Euro. Wenn Sie Ihr Jahresziel nicht erreichen, 10.000 Euro.

Der Punkt ist, dass es Konsequenzen haben muss, wenn Sie sich von Ihrer Angst lähmen lassen. Wenn Sie beim Bergsteigen oder im Leistungssport vor Angst erstarren, sind die Konsequenzen eindeutig. Sie müssen auch Ihr restliches Leben mit Konsequenzen pflastern, wenn Sie nicht länger an Ihrem Sicherheitsnetz aus oberflächlichen Vergnügungen festhalten wollen.

Die kraftvollsten Möglichkeiten für einen Mann, der sich wieder auf sein Ziel ausrichten will, beinhalten beides, Askese und Herausforderungen. Gehen Sie in die Tiefe des Waldes, allein, nur mit den allernötigsten Utensilien zum Überleben ausgestattet. Nichts zu lesen, nichts zu tun. Verzichten Sie auf Nahrung und schlafen Sie nicht so lange wie möglich. Schärfen Sie Ihre Aufmerksamkeit mit irgendeiner Übung wie dem Singen heiliger Lieder oder rituellen Gesten, damit Sie sich nicht in Gedanken verlieren oder müde werden. Öffnen Sie sich und warten Sie einfach. Schieben Sie Ihr Leiden nicht beiseite. Steigen Sie nicht aus, bevor Sie durch das Loch Ihrer Angst gefallen und mit einer Vision wieder aufgetaucht sind, die Ihnen Ihre wahre Mission enthüllt und die einzigartige Form Ihres lebendigen Opfers aufzeigt.

Diese Art der Isolation und Herausforderung ist eine extreme und sehr wirksame Form der männlichen Visionssuche, aber es gibt auch einfachere Formen, die im Alltagsleben nützlich sind. Verbringen Sie jeden Tag eine gewisse Zeit allein, ohne jede Ablenkung. Setzen Sie sich einfach zehn Minuten lang hin, ohne unruhig zu werden, durch die Fernsehprogramme zu zappen oder in Magazinen zu blättern. Seien Sie einfach wie Sie sind, ohne zu versuchen, irgendetwas zu verändern. Verweilen Sie mit Ihrem Leiden, bis Sie durch es hindurchfallen und intuitiv die grundlose Quelle Ihres Lebens erahnen.

Wie Ihre Partnerin, die regelmäßig Zeit mit Frauen verbringen muss, brauchen auch Sie regelmäßige Begegnungen mit Männern. Treffen Sie sich einmal die Woche mit Ihren Freunden, um sich gegenseitig zu unterstützen. Verzichten Sie auf oberflächliches Gelaber und sprechen Sie Klartext. Wenn Sie finden, dass einer Ihrer Freunde sein Leben vergeudet, sagen Sie es ihm, weil Sie ihn lieben. Begrüßen Sie jede derartige Kritik seitens Ihrer Freunde. Schlagen Sie sich gegenseitig Herausforderungen vor, um einander durch die Ängste hindurchzuhelfen, die Sie daran hindern, sich im Geben ganz zu veräußern. Einigen Sie sich stets auf die Konsequenzen, die entstehen, wenn die Herausforderung nicht durchgehalten wird. Wenn Sie zum Beispiel einverstanden sind, Ihre Partnerin eine Woche lang jeden zweiten Tag für drei Stunden leidenschaftlich mitzureißen, sollten Sie auch versprechen, Ihrem Freund den Rasen zu mähen, wenn Sie einen einzigen Tag verpassen.

Sie sollten diese Art von „Klartext-Sitzungen" mit Treffen abwechseln, bei denen Sie auf maskuline Weise feiern. Doch selbst bei diesen Feiern sollten Sie sich der Herausforderung stellen, bewusst und konzentriert zu bleiben. Sie sollen keine Gelegenheiten sein, aus der Fülle abzurutschen, sondern tiefe Begegnungen jenseits der Angst darstellen. Vielleicht können Sie miteinander in eiskaltem Wasser schwimmen gehen. Oder Sie trinken bis zum Gehtnichtmehr und verbringen die restliche Nacht damit, Hymnen an das Mysterium der Existenz zu singen – abdriften nicht erlaubt. Was immer Sie tun, teilen Sie so viel Liebe wie möglich mit Ihren Freunden, ohne sich mit Mittelmäßigkeit zufrieden zu geben oder jemals weniger zu geben als Ihr Bestes.

Achten Sie stets darauf, Zeiten der Erquickung für Ihre Partnerin und für sich selbst einzuplanen. Sonst werden Sie in den weichen Ruhekissen aus wohlfeiler Stagnation und sexueller Kastration verschimmeln, die Sie davon abhalten, auf Messers Schneide zu leben und Ihre echten Gaben in Ihre Beziehung einzubringen.

51
Üben Sie die Auflösung

Gleich der Auflösung in der Intensität des Orgasmus gilt das größte Verlangen eines Mannes der völligen Erlösung.

Üben Sie die Liebe von Augenblick zu Augenblick, durch Ihre Partnerin und durch die Welt, und erlauben Sie der Kraft Ihrer Hingabe, jeden Augenblick in einen Orgasmus göttlicher Auflösung zu verwandeln. Umarmen Sie jeden Erfahrungsmoment wie ein Liebhaber und vertrauen Sie der Richtung, in die die Liebe Sie trägt. Sterben Sie beim Geben Ihrer Gabe, sodass Sie nicht einmal bemerken, dass Sie nicht länger an sich selbst festhalten. Die Angst ist Ihre letzte Ausrede. Kämpfen Sie nicht gegen sie an. Lieben Sie sich durch sie hindurch.

Über den Autor

Mit seinem Werk zum spirituellen und sexuellen Wachstum des Menschen ist David Deida international als einer der provokativsten spirituellen Lehrer anerkannt. Die radikal praktische Form der Spiritualität, die er in seinen Büchern und Seminaren vermittelt, wird als einer der originellsten und authentischsten Beiträge zum persönlichen und spirituellen Wachstum gelobt.

In seinen einzigartigen Seminaren zum Thema *Menschliche Entfaltung und Heilige Intimität* arbeitet Deida mit einer Serie transformativer Übungen für das spirituelle Erwachen von Geist, Körper und Herz. Er ist Mitbegründer des *Integral Institute* und hat an der medizinischen Fakultät der University of California in San Diego, der University of California in Santa Cruz, der San José State University, dem Lexington Institute in Boston und der École Polytechnique in Paris unterrichtet und geforscht.

David Deida ist weltweit als Autor von Hunderten von Essays, Audiotapes, Büchern, Videos und Artikeln bekannt, die seinen integrativen spirituellen Ansatz beleuchten. Seine Bücher wurden in 15 Sprachen übersetzt und gehören zum Lehrstoff an Universitäten, in Kirchen, spirituellen Zentren und Männer- und Frauengruppen rund um die Welt. Sie werden als tiefste Quelle für wahre spirituelle Transformation erachtet.

Weitere Informationen über David Deidas Seminare und Bücher finden Sie unter: **www.deida.info** und **www.david-deida.de**

KOMMENTARE ZUR AMERIKANISCHEN AUSGABE

Ich verschenke dieses Buch immer weiter – inzwischen habe ich wahrscheinlich schon an die dreißig Exemplare besessen. Ich gebe es jedem, egal, ob Mann oder Frau, der sich der Kunst des Liebens verschrieben hat – oder zumindest an ihr interessiert ist. David Deida kommt wie kein anderer auf den Punkt, und er schreibt kraftvoll, ehrlich und richtiggehend poetisch.

Michael Tucker, Schauspieler, Autor

Der Weg des wahren Mannes *ist einfach wundervoll. Endlich ein Wegweiser für unkastrierte Männer. Manche werden dieses Buch anstößig und ärgerlich finden, andere wird es inspirieren und herausfordern, doch jeder wird von ihm verwandelt werden. Es gibt kaum Bücher, die eine kraftvolle Sexualität als Teil einer kraftvollen Spiritualität behandeln, anstatt über eine lauwarme Sexualität zu sprechen, die von einer mittelmäßigen spirituellen Einstellung verwässert wird. Dieses Buch stellt sich der Herausforderung, ohne zu zögern. Es ist ein Ruf, eine Sichtweise aus dem Herzen des ewig Männlichen – Sie werden es lieben oder hassen!*

Ken Wilber, Autor

Endlich! Ein Buch, das Männern erklärt, wie das Herz und die Seele der Frau beschaffen sind. Nie habe ich mich als Frau so verstanden und gewürdigt gefühlt. Dieses Buch ist ein Schlüssel, der Männern und Frauen helfen kann, in ihrer Beziehung einen Schritt weiter zu gehen. Ein klarer und brillanter Leitfaden, um das Beziehungsmysterium zu entwirren.

Marci Shimoff, Mitautorin des Bestsellers
Chicken Soup for the Woman's Soul

Der Weg des wahren Mannes *fordert jeden Mann heraus, seine wahre Bestimmung zu erfüllen und auf echte Weise männlich zu sein. Es wird Sie auf eine innere Reise zu einer erfolgreichen und spirituell vollständigen Lebensart führen. Ich lade Sie ein, in der Gegenwart zu leben, offen zu lieben und mit diesem Buch in der Hand die Arena des Lebens zu betreten.*

Tony Robbins, Autor

Unsere Leseempfehlung

304 Seiten
Auch als E-Book erhältlich

Sex als Gebet? Göttlichkeit im Sex? Warum nicht! Schließlich werden wir in der ekstatischen Umarmung der sexuellen Liebe von der Illusion des getrennten Selbst befreit. Wir gehen vorübergehend die zeitlose, raumlose und glückselige Vereinigung mit einem anderen Menschen ein. Welche bessere Definition von spiritueller Befreiung kann es noch geben? Doch dafür benötigt es, laut Deida, eine bewusste Veränderung der eigenen Sexualität, in Form von wahrer Gefühlstiefe und konkreten Techniken. Prickelnd und alltagstauglich erzählt David Deida, wie wir durch unsere Sexualität eine unvergleichliche Bereicherung unseres Lebens erfahren können.

goldmann-verlag.de

GOLDMANN